康乐文序合编

蔡鸿生 著

中山大学出版社
·广州·

版权所有　翻印必究

图书在版编目（CIP）数据

康乐文序合编 / 蔡鸿生著. -- 广州：中山大学出版社，2024.10. -- ISBN 978-7-306-08265-7

Ⅰ. C53

中国国家版本馆 CIP 数据核字第 2024M9Q257 号

KANGLE WEN XU HEBIAN

| 出 版 人：王天琪
| 责任编辑：王旭红
| 封面设计：林绵华
| 版式设计：林绵华
| 责任校对：马萌萌
| 责任技编：靳晓虹
| 出版发行：中山大学出版社
| 电　　话：编辑部 020 - 84110283，84111996，84111997，84113349
|　　　　　　发行部 020 - 84111998，84111981，84111160
| 地　　址：广州市新港西路 135 号
| 邮　　编：510275　　传　　真：020 - 84036565
| 网　　址：http://www.zsup.com.cn
| E - mail：zdcbs@ mail.sysu.edu.cn
| 印　刷　者：广州市友盛彩印有限公司
| 规　　格：880mm×1230mm　1/32　7.75 印张　155 千字
| 版次印次：2024 年 10 月第 1 版　2024 年 10 月第 1 次印刷
| 定　　价：59.00 元

如发现本书因印装质量影响阅读，请与出版社发行部联系调换。

出版说明

恩师蔡鸿生先生仙逝后，师母在先生留下的笔记本上找到先生 2020 年 6 月 30 日拟的《康乐文序合编》目录，分为文编和序编。文编由十篇文章组成，序编为序跋三十五篇。可见，先生早有写作和出版计划。遗憾的是先生文编所列十篇，只完成其中四篇，令人扼腕叹息。师母在先生另一本笔记本上发现了《藏六居独语》和《学园退思录》的手迹。这两文虽未臻完善，却仍蕴含着先生深刻的史识哲思。我们觉得应该为先生完成心愿。经师母同意，我们将此二篇首刊于此集，添上先生的《藏六居学记》，与四篇文章构成文编。与序编相关序跋一道，最终形成这本《康乐文序合编》，以慰先生在天之灵。

感谢中山大学出版社王天琪社长、编审嵇春霞女士和编辑王旭红女士的鼎力相助，本书方能顺利出版。

江滢河

2024 年 10 月

蔡鸿生先生与陈寅恪铜像,2019年摄于模范村521栋

蔡鸿生先生与夫人蒋晓耘女士在广州图书馆
蔡鸿生教授藏书室留影,2016年4月24日

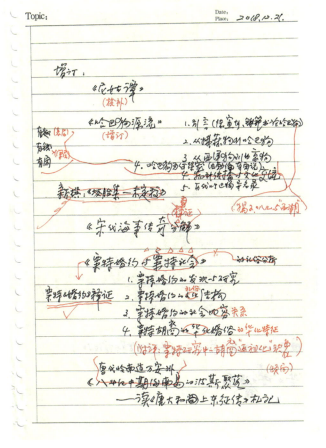

蔡鸿生教授手稿之一，2018年12月21日手拟学术研究计划

蔡鸿生教授手稿之二，2020年6月30日手拟《康乐文序合编》出版计划

藏六居独语

自序

独语是精神的保健操，预防老年痴呆症。衰衰细怨一辈子做明白人。

（旁注：防言之凿 防绪激动）

戊戌仲夏

独语：自悟、自说、自续、自励。

故云。

《藏六居学记》与《藏六居独语》可作上、下编，合成一册。

《藏六居独语》手稿之一

Topic: "菩萨低眉"比"金刚怒目"

9. "善自爱，亦爱自他"，更暖人心，也更得人心。

10. 《康定情歌》自1938年问世以来"粉丝"遍天下。其思想性长期被"艳词"所掩，至今还未得发之覆。不妨强作解人：说大哥哥上变大妹妹，一表达"人才好"，二表达"今当家"。看其短暂，后见持久；看其尚"色"，后见尚"德"。王洛宾于无意中用"溜溜调"的民歌诠释了康德关于经验感应提升为崇高感的美学原理，这种由来远矣，可喜、可佩、可传。

（照本宣科，无异于树范说教）

11. "机器人"是机器，不是人。把它推上为共会，只会……

12. "字字看来皆是血"，子不可学；"字字看来皆是水"，尔亦未必好讲，倘能此则"字字看来皆是汗"，就在情理中了。

13. 历史不能戏说成故事，故事也当还原为历史。（该）

14. 心得最难得，因为它不是耳得。

《藏六居独语》手稿之二

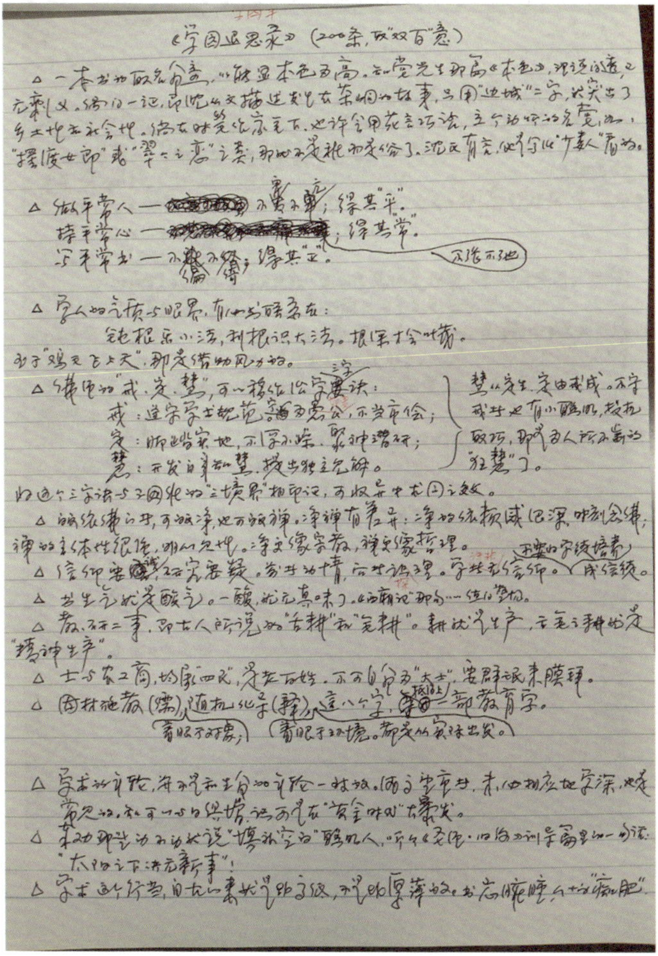

《学园退思录》（200条，仿“双百”意）

《学园退思录》手稿

蔡鸿生先生（中）与林悟殊（右）、章文钦（左）在福建武夷山留影，2004年1月14日

蔡鸿生先生为林悟殊的《古代摩尼教艺术》《波斯拜火教与古代中国》《唐代景教再研究》，为章文钦的《澳门与中华历史文化》《吴渔山集笺注》等著作作序，相关序文已收入本书。

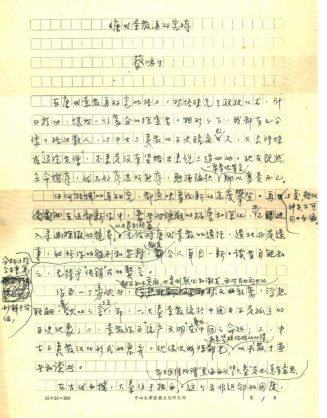

《〈唐代景教再研究〉序》手稿，2001年

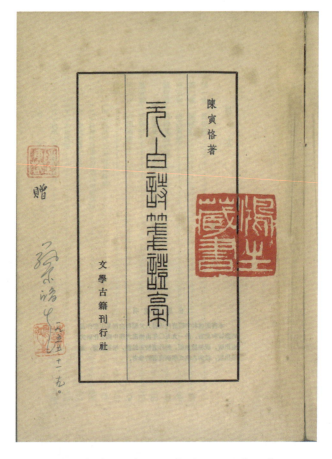

陈寅恪著《元白诗笺证稿》扉页（文学古籍刊行社1955年版），蔡鸿生先生珍藏本

1955年，陈寅恪先生在中山大学历史学系开设"元白诗证史"课程，将此书分赠选修该课的同学，人手一册。此书为蔡鸿生先生珍藏，扉页上有陈先生印章和陈夫人唐筼女士题的"赠"字，以及1955年11月19日蔡先生的题记和藏书章。

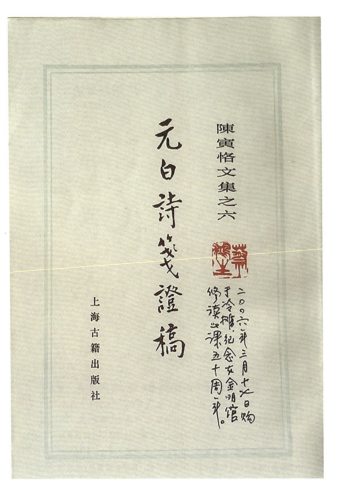

2006年3月17日,蔡鸿生先生在陈寅恪文集之六《元白诗笺证稿》扉页的题记

广州海事录

从市舶时代到洋舶时代

蔡鸿生 著

2018年5月17日蔡鸿生先生收到著作《广州海事录》样书后，在扉页抄录的郑板桥诗句

蔡鸿生先生在《广州海事录》第61页的书批

蔡鸿生先生2007年5月23日在中山大学历史学系永芳堂二楼讲学厅举行的讲座"巴黎茶花女遗事的中华效应"海报,同名论文于2019年定稿,收入本书

《校影》赞

蔡鸿生

从1924年到2004年，中山大学八十年的历史行程，以缩影的形式，反映了天翻地覆慨而慷的社会变迁。革命救国，科教兴国，构成校影的两大特色。作为南国的最高学府，它培育出一代又一代的人材，为中华大地增添了壮丽的光彩。

白云珠海，绿树红楼，这里的自然景观令人心旷神怡，自强不息，脱俗拔真，这里的人文精神催人奋进。天人合一，知行合一，莘莘学子脱颖而成有识之士。康乐园是桃李园，大学可无愧于"大"矣。

"博学、审问、慎思、明辨、笃行"——源出《中庸》的儒家古训，经朱子而成为白鹿洞书院的洞规，经孙中山先生而成为中山大学的校训。传统的投影，既深刻又深远，给中大人留下了难忘的胎记。在新世纪里，为上传统家统创造性的转化，面向现实，面向世界，面向未来。悠悠校影放出更浓更宠的文光，指日可待。

与时俱进，继往开来！八十华诞之后的中山大学，必将向新的高度腾飞，迎来前所未有的新辉煌。

蔡鸿生先生《〈校影〉赞》手稿，2004年

榕荫下的岁月（代序）

榕树乃岭南嘉木，植于村口塘边，郁郁葱葱，荫护着一方水土，在民间享有盛名。清初屈大均的《广东新语》，对其生态和象征，作过意味深长的记述：

> 榕，叶甚茂盛，柯条节节如藤垂。其干及三人围抱，则枝上生根，连绵拂地。得土石之力，根又生枝。如此数四，枝干互相联属，无上下皆成连理。其始也，根之所生，如千百垂丝。久则千百者合而为一，或二或三，一一至地。如栋柱互相撑抵，望之有若大厦。直者为门，曲者为窗牖，玲珑八达，人因目之曰榕厦。
>
> 榕，容也。常为大厦以容人，能庇风雨。又以材无所可用，为斤斧所容，故曰榕。自容亦能容乎人也。

康乐园夹道植榕，根深叶茂，庇荫行人，是中山大学的一大景观。作为一个"土生土长"的中大人，我在榕荫下已度过50年的岁月,欢乐和迷惘兼而有之,幸好未曾沉沦。经历过风风雨雨,又迎来了丽日蓝天。在今、昔、情、景交融中,我深深地感到,榕厦就是母校,母校犹如榕厦。她能自容,亦能容人,也就能容乎人。如今三校区五校园,一派生机,欣欣向荣。在天时、地利、人和的合力中,中山大学的明天必定更美好。

一、摇篮曲

我于1953年深秋来到康乐园,开始了难忘的大学生涯。

1953年是一个重要的年份:国家建设的第一个五年计划开始了,朝鲜战争结束了,高等学校的院系调整工作完成了。对青年学生来说,尤其深受鼓舞的是,就在同一年,毛主席发出"三好"的号召:"要使青年身体好,学习好,工作好。"这一号召犹如一阵春风,无论宿舍、课室还是饭堂,到处都可以见到"三好"的标语,组成校园生活的主旋律,令莘莘学子心花怒放。那种精神状态,借用屠格涅夫的话语,就是"青春站在街垒上,它那辉煌的旗帜高高地飘扬"!

至今依然记得,在当年历史系的迎新会上,系主任刘节先生郑重介绍:"我们系里拥有中古史两位大师:陈寅恪先生和岑仲勉先生,他们都是著作等身,满门桃李。二老同系任教,是全体师生的光荣。"随后又听到一些来自师兄师姐们的传闻，才知"二老"一盲一聋，但却具有非凡的智力。于是，在光荣感之外，又增添了几分神秘感，至于他们的学问如何博大精深，我当时还茫然无知。有关沙弥问道的事，那是后话了。

20世纪50年代中期的康乐园，花木多，草坪多，林荫小道也多。但并非"曲径通幽处"，而是大力提倡"文明生活"。周末和节日跳交谊舞成风，不会的也得学，称为"扫舞盲"。学生除必修体育课外，还应参加"劳动卫国制锻炼"，包括短跑、游泳、俯卧撑、单双杠等，不达标不能毕业。宿舍夜间统一管制灯火，熄灯后播轻音乐，催眠十分钟。舒伯特的《小夜曲》："我的歌声穿过深夜，向你轻轻飘去……"事过多年，每当听到这段乐曲，依旧犹如心灵触电，怀旧之情油然而生，似乎受到一种带有抚慰的激励。虽不能返老还童，仍企盼秋行春令，不知不觉认同晚年巴金的心声："把从前的我找回来！"巴老真了不起，敢于冲破昏气，在夕照中呼唤朝阳，豪情不减当年，确实难能可贵。让"花甲者""古稀者"向百岁老人看齐吧。

话说回来，知识分子成堆的康乐园，毕竟不是安乐窝。这里虽无刀光剑影，却有惊心动魄的口诛笔伐。1954年的"红学"风波，1957年的"反右"风暴，在榕荫下"枪打出头鸟"，雏燕与老鹰纷纷坠地，折翅掉羽，令人寒心。"摇篮"陷入地震了，初震之后有余震，余震又逐步升级，演成"史无前例"的1966年巨震。晕头转向，岌岌危危。大势所趋，母校"变脸"成为干校，扎根英德茶场，我也跟着变了样子。"三年一觉英德梦，赢得'五七'战士名！"可惜，骨脱不了，胎换不成，滚一身泥巴后，依然本性难移，书生还是书生。回首当年，往事并不如烟。如今倘若带着微笑回忆辛酸，还不如让它在朦胧中淡化。对我来说，刻骨铭心的还是学园、学人和学事，这些才是永不褪色的。

二、学园缤纷录

历史系是学园的一角，在中山大学属于老系、小系和穷系。与大户相比，它是不入时眼的。聊可自慰的是，这里虽有阴晴圆缺，但其文化生态基本平衡，让人可以正常地呼吸。我学于斯，教于斯，数十年间走过一条从学生到教授的路。抬头仰望，对逝去的诸位师长，我既感且佩，从心的深处点亮了崇敬的蜡烛。"先生在日曾青眼，弟子如今也白头"（赵翼句），现在还不说几句谢师念师的话，更待何时。

让我从说不尽的陈寅恪说起。这位盲于目而不盲于心的"文盲叟"，原本是讲学著书两不误的。到1958年"拔白旗"，因被批为"误人子弟"，才愤而退出讲坛，义无反顾地"颂红妆"去了。传世的《柳如是别传》，"忽庄忽谐，亦文亦史"，是陈寅恪学术生涯中最后的一朵玫瑰，既染血又带刺，绝不是消愁送老的闲言。他在生时寄希望于"后世相知"，现在已经21世纪了，未知"有缘者"是谁？也许它会落得曹雪芹名著那样的命运：

"经学家看见《易》,道学家看见淫,才子看见缠绵,革命家看见排满,流言家看见宫闱秘事……"(鲁迅语)后人究竟会从《柳如是别传》中看见什么,无妨拭目以待。我倒愿意让"红妆"与"红楼"相映成趣,一个在"悼红轩",一个在"金明馆",异代同悲,耐人寻味。

比陈寅恪先生年长5岁的岑仲勉先生,逝世已经近半个世纪了。中华书局最近推出多卷本(15种16册)的《岑仲勉著作集》,让学界一饱眼福。岑老在世时,视弟子如子弟,令受业者如坐春风。他的传世之作,浩博厚重。我所涉猎者,只是其总量的三分之一而已。通过亲炙和浅尝,似乎从中可以归纳出"治学三诫"。当然,这只是个人拙劣的剪裁,且莫以为如此这般,就算得其衣钵真传了。一诫"专之过早",请听他如何现身说法:"记得弱冠时朋辈论学,开首便以专哪一经、四史中专哪一史为问,然而刚能独立研究,基础未厚,即便进入专的途径,论求学程序,似乎是躐等的。清代研究家很少能够全面展开,这恐怕是专之过早的毛病吧。"(见《中外史地考证》前言)二诫"望文生悟",先生之言可谓语重心长:"史之为学,不外摹写实状,故必先明了古今之社会实况,然后可以论史。失句误解,以余涉猎,则古往今来著名之旧学家时或犯之,糟粕文言者更势在不免,离乎事实之外而欲求其通,难矣。故欲明了古前社会者,必须先了解古人文字,早挟成见(主观),复凭参悟(演绎),皆论史者所当懔戒。" (见

《〈玉溪生年谱会笺〉平质》)三诫"断而不通",这是他作为唐史专家对断代之弊的夫子自道:"历代制度、名物,每更一姓,虽必有所易,然易者其名,不易者其实。甚至外族侵入,仍有相联之迹(如唐府兵与元怯薛,特勤与台吉,莫离与贝勒等),故每论到典章、文物,非徒略溯其始,抑且终论其变,求类乎通史之'通',不锢于断代之'断'。"(见《隋唐史》编撰简言)岑仲勉先生这些苦口婆心的治学良言,可谓是现身说法,有为而发,倘能深入信息时代的学子之心,浮躁的学风就可望得救了。

辈分仅次于陈、岑"二老"的刘节先生,古道热肠,抱素守朴,在激烈的世变中碰一鼻子灰仍不回头。他"天真"得犹如赤子,一面挨批,一面诉说:"我的唯心论是可以为人民服务的。"难怪人们笑他"不识时务"了。刘节先生是先秦史专家,对《十三经》滚瓜烂熟。听到有的同学诉苦《周易》难懂,他就大开方便之门,每周在家中为他们说《易》。这本来是好心好意的"义务劳动",料不到"左"风一刮,就变成"私人讲学"了,变成争夺接班人的"阴谋"了,又挨一轮批。在历次政治运动中,刘节先生以"仁"为立身行事的信条,深入骨髓。到了"横扫一切牛鬼蛇神"的年代,就是他,仅仅是他,以67岁老门生的身份,竟敢站出来代老师陈寅恪挨"斗"!这样的高风亮节,完全足以构成《新儒林外史》中悲壮的一回,流芳后世。

识时务而不趋时的,历史系也有人在,这就是清瘦潇洒的梁方仲先生。他出身清华,专攻明清经济史,以研究"一条鞭法"扬名海内外。20世纪的50年代,史学界集中探讨过五个热点问题,被誉为体现时代精神的"五朵金花",即历史分期、农民战争、封建土地所有制、汉民族的形成和中国资本主义萌芽。后者属于明清经济史的范围,引起梁先生的特别关注。为了弄清基本原理,他根据英文原版重新翻译了《资本论》第1卷第24章《所谓原始积累》,钻研甚深。对于当年学界削足适履的反常现象,尤其是某些于无芽处强说芽的趋时文章,他反感而不反驳,只是洁身自好,冷眼旁观"奉命找萌芽"者的表演。梁先生一身正气,不怕惹火烧身。在"拔白旗"的喧闹声中,他劝青年教师不要乱起哄去批陈寅恪,从此便有一句梁氏名言不胫而走,即所谓"乱拳打不倒老师傅"是也。这个理性的招呼,与当时"在战斗中成长"的号召大异其趣,难免被传为笑柄。事过数十年,究竟谁好笑,历史已经作出结论了。

有人戏称:陈、岑、刘、梁是历史系的"四大金刚"。按其道德文章,这四位前辈都值得编成言行录,传诸后世。可惜,予生也晚,在这里所能做的,只是连缀一些记忆的碎片,美其名曰"缤纷录"而已。黑格尔说过:"没有人能够真正地超出他的时代,正如没有人能够超出他的皮肤。"任何先师都是有局限性的,就算列位"金刚",传诸弟子的是"祖师禅",那也不意味着学术传统可以原封不动。任何东西不转化就要僵化,学术传统也不例外。问题是如何区分两种性质不同的转化:创新,是创造性的转化;趋时,则是投机性的转化。貌合神离,不可不察。一旦陷入"团团转"的误区,"祖师禅"难免被"野狐禅"所取代,那就有负师教了。

三、榕荫随想

在今年元月出版的一本拙著后记①里,我回顾自己走过的道路,写了几句非诗非偈的独白,现转录于此,借以约束随想的随意性,以免无边无际:

> 五十年前,史学新兵。
> 如今何物?康乐园丁。
> 有意求法,无术传经。
> 心归定处,拾穗榕荫。
> 坐冷板凳,娱乐升平。

坐在榕荫的冷板凳上,反思自己的"园丁"生涯,这就意味着对"历史教师"的是非得失进行一次大盘点。无可自豪,乃是意料中事;翻箱倒柜,聊以自慰而已。求其所感最深者,仅得两项:一是教师难当,二是历史难治。干了几十年,说的还是 ABC。没有办法呀,因为认识的起点和终点,同在一个圆圈上。

---

① 见蔡鸿生《仰望陈寅恪》,中华书局 2004 年版。

为人师者，执百业之一业，本来就是"百姓"。可惜，久而久之，往往"好为人师"。一涉"好"字，该师就患职业病了。好表现，好训人，好指手画脚，好居高临下，如此等等，都是病态。怎样防治呢？平起平坐还不够，要放下架子当学生，进入对立面才有自我意识的觉醒，不妨一试。传诵百代的"诲人不倦"，其实是片面的。只强调主体的输出，而忽略客体的接受，"诲"就变成"灌"了。育人可不是饲禽，让"填鸭式"见鬼去吧。还是"教学相长"好，春风化雨，互动互补，师徒同步前进。龚自珍诗云，"但开风气不为师"，真是千古名言。

历史去今甚远，要雾里观花，谈何容易？"今人不见古时月，今月曾经照古人。"（李白句）古今之间的历史视域，包含三重距离：时间、空间和心理。稍一不慎，就会以今人之心，度古人之腹，叫唐太宗穿中山装！北京大学林庚教授之所以高明，就在于他没有将李白的"布衣感"硬说成"人民性"。武则天多男宠，一直为后世所诟病，骂她淫，骂她乱，骂她是老妖精。如果历史教师也跟着骂，那就太不专业了。"读史者须知武曌乃皇帝或女主，而非太后，既非太后，而是皇帝，则皇帝应具备之礼制，武曌亦当备有之，区区易之、昌宗、怀义等男宠，较之唐代之皇帝后宫人数犹为寡少也。"按唐代礼制，则天皇帝的男宠不是太多而是太少，"区区"而已——陈寅恪如是说。

全面的历史观察，不可能在平面上展开。它触及四对关系：前后、左右、表里、动静，犹如一座"立体交叉桥"，矗立于想象的空间。常言道："让事实说话。"这种说法其实似是而非，孤立的事实是哑巴，事实的组合才会说话。如何组合，大有文章。所谓"史难治"，并非在难记，而是在难思。古今中外的史学大师，无一不是以"思"取胜的。司马迁如果不长于思，《史记》就会有"记"无"史"。为了起死人而肉白骨，历史教师要自己思，更要教学生思。"教师就是教思""史学就是思学"，我把话说绝了，但愿能够绝处逢生。反正是随想，何妨姑妄言之。

我吃历史饭也算多年了，"三句话不离本行"，自知积习难改。"行话"说多了，就会产生排他性，讨人嫌，及时刹住为妙。为了做到有头有尾，下面得浅议几句，才能让个人随想向普遍性的主题回归。

多少年来，人们听惯一句从17世纪流传下来的洋话："知识就是力量。"（为了搭配成对，又有所谓"时间就是金钱"云云）如果把它放上理性的天平，就不难发觉："知识"也好，"力量"也好，其实都是中性的。它们自身并无倾向性，知识可以是一种建设性的力量，也可以是一种破坏力量。关键在于定向，切不可作抽象化的理解。本来知是知，识是识，识是知的升华。中国传统文化有一个很高的标准，叫"有识之士"；有知之士并不高，有文化而已。衷心祝愿从康乐园走出来的学士、硕士和博士，个个德才兼备，组成"有识之士"的光荣团队，为中华民族的全面振兴建功立业。

目 录

文　编

藏六居学记 …………………………………… 2
藏六居独语 …………………………………… 20
学园退思录 …………………………………… 43
《读〈莺莺传〉》的眼界和思路 ……………… 48
从"头"学起
　　——重温《唐代政治史述论稿》 ……… 64
唐代诗文证史札记
　　——纪念陈寅恪先生诞生130周年 …… 73
《巴黎茶花女遗事》的中华效应 …………… 92

序　编

中外关系史书序 ……………………………… 104
《古代摩尼教艺术》中译本序 ……………… 104

《波斯拜火教与古代中国》序 ·········· 108
《澳门与中华历史文化》序 ·········· 110
《早期澳门史》中译本序 ·········· 112
《唐代景教再研究》序 ·········· 114
《中国祆教艺术史研究》序 ·········· 119
"中外交流历史文丛"总序 ·········· 123
《吴渔山集笺注》序 ·········· 126
《巴拉第与晚清中俄关系》序 ·········· 129
《粟特商人史》中译本序 ·········· 132
《中古胡名考》序 ·········· 135

广州与海洋文明书序 ·········· 138
《广州与海洋文明》序 ·········· 138
《广东十三行考》1999年版序 ·········· 142
"广州与海洋文明系列"丛书总序 ·········· 145
《广东十三行与早期中西关系》序 ·········· 147
《美国人在广州（1784—1912）》序 ·········· 149
《广州匠图志》序 ·········· 151
《清代广州海幢寺外销画》序 ·········· 154

师友文集序 ·········· 158
《徐松石民族学研究著作五种》序言 ·········· 158

《华人发现美洲概论》序 …………… 162
学问求通　承前启后（《汤明檖文集》代序节选）
　………… 164
《潮汕文化概说》序 …………… 166
《戴裔煊文集》前言 …………… 169
朱公风范长存
　——《中外关系史》序 …………… 173
《谢方文存》序 …………… 177

自序及其他 …………… 179
学海一灯 …………… 179
读《书品》，学品书，一乐也 …………… 181
园丁说园 …………… 184
《尼姑谭》引言 …………… 187
《尼姑谭》新版后记 …………… 193
一篇现代的《金石录》后序 …………… 194
《学境》（三版）序引
　——写在学境边上 …………… 197
《学境》（三版）后记 …………… 200
古人是今人的镜子
　——《岭南历史名人研究》序 …………… 201
《校影》赞 …………… 204

南粤名镇的文化风貌
——《天下名镇》序 …………… 206
"清初岭南佛门史料丛刊"总序 …………… 209
《百年澄中(1915—2015)》序 …………… 212

文编

藏六居学记

"藏六居"并非寒舍的别称,也不是书房的雅号,它仅仅是个人向往的一种精神境界。此语出自佛典,《法句譬喻经》云:

> 水狗饥行求食,与龟相逢,便欲啖龟,龟缩其头尾及其四脚,藏于甲中。

即说偈言:"藏六如龟。"后代的僧徒便以此为禅谈的话头,见《古尊宿语录》:

> 问:"如何是学人深深处?"师(石门慈山)云:"乌龟水底深藏六。"

按仿生学原理,人类可以而且应当向某些生物学习,五禽戏和蛙泳就是例证。对我来说,既然"藏六"可以防邪,又有益于潜研,何乐而不为?此外,还有一个附加的义项,韩愈《为宰相贺白龟状》早就说过:"古者谓龟为蔡，蔡者，龟也。"既然"藏六"寓鄙姓于其中，因此，所谓"学记"也无非自家言说罢了。

我是一个平凡的学人，只有平凡的学记。

孩提时代，正值全面抗日战争时期，随父母过流亡生活。后来栖身于一座山城，总算远离战火，并有机会念小学了。父亲于谋生之余，忽发雅兴，想起教儿子读古文、练书法的事来。从此，我放学回家就不得安宁，除临颜真卿帖外，还要背韩愈的《祭十二郎文》《告鳄鱼文》等。这类旧式的家庭作业，旨在驯化儿童的野性，虽不能说从此给我种了"唐"根，但确实有些潜在的影响。后来听人提起"汉唐"或"唐宋"，总觉得唐宗比宋祖和汉帝更亲近一点。无论这是幻觉还是实感，如今已经不必寻根究底了。

我真正靠近唐史门墙，是在大学时代。1953年考入中山大学历史系，在欢迎新生的例会上，从系主任刘节先生口中第一次听到"二老"的名字：陈寅恪先生和岑仲勉先生。又据师兄、师姐的透露，"二老"各有残疾，一盲一聋，依然讲学著书，这就使我更加肃然起敬了。读了两个学年之后，按规定可选修"专门化"课程。在求知欲和好奇心的驱使下，我有幸成为陈、岑"二老"的选修生。沙弥往往会沾大师的光，后来学术界有的朋友以为我是他们的研究生，这纯属误会。

1955年夏季至1956年夏季，在陈府走廊特辟的讲席上，听寅恪先生讲史论诗达一年之久。课程名称"元白诗证史"，用1955年上海版的《元白诗笺证稿》作教材，选修者人手一册，由师母署赠盖章。此外还有油印的参考资料，包括《武曌与佛教》《以杜诗证唐史所谓杂种胡之义》等单篇论文，则由黄萱先生按期分发。事隔多年，寅恪先生的音容笑貌，仍清晰地浮现在眼前。一首《长恨歌》，先生几乎讲了两个月。杨玉环是不是"养在深闺"，"温泉赐浴"有什么疗效，如此等等，擘肌分理，动人心弦。所憾知识准备不足，领悟未深，有负师教。不过，细雨润物，听者是难免会被默化的。记得自己初闻"酒家胡""突厥法"之类的故实，即怦然心动，想作"大唐西域"的精神漫游了。有一次，也许是讲白乐天《新乐府》吧，寅恪先生顺带提及近代的汉语借词"苦力"源出古突厥语的"奴"字，点到即止，未曾细说。小子何知，竟敢悬拟传播路线，想要写篇《从库利到苦力——一个突厥词的旅行记》。似此难题，可望而不可即，一闪念过后就烟消云散了。现在回想起来，未免汗颜。正所谓："禀鲁钝之资，挟鄙陋之学"（借寅恪先生语作自我鉴定），而欲言人所未言，纵然是牛犊之思，也难辞狂妄之嫌了。

仲勉先生开设的选修课"隋唐史"也是一个学年。课前派发油印的活页讲义供学生预习，以后补订成书，公开发行，即中华书局1982年新版的两卷本《隋唐史》。用著者自己的话来说，这套讲义的"编撰目的，即在向'专门化'之途径转进，每一问题，恒胪列众说，可解决者加以断论，未可解决者暂行存疑，庶学生将来出而执教，不至面对难题，即从事研究，亦能略有基础"。一片传灯者的苦心，跃然纸上。当时，他正在修订巨著《突厥集史》，讲课常常论及突厥与唐朝的关系。仲勉先生是顺德人，乡音甚重，用粤语拼读"突厥"古名，沉浑浩渺，别有一番韵味。在他的熏陶下，我人在岭南，情系"漠北"，竟想一探游牧民族历史之秘了。对那个体重"三百五十斤"的突厥、西胡混血儿安禄山，尤感兴趣。于是便玩起"童子戏"，写了几千字的短文，送请审阅。仲勉先生循循善诱，用毛笔批了两三百字，原件已散失无存，只记得其中有"理多于证"的评语，真是大发愚蒙，击中架空立说的要害。经过这番温和的"棒喝"，我似乎从此就较少异想天开了。在这位祖父辈的长者作古之后，我只能从他的传世之作中学突厥史了。但却越来越感受到他功力之深、用心之细，以及那种罕见的爬梳史料的真本领。

1957年我毕业留校任教，定位于世界史教研室，从辅导到讲授"中世纪史"。眼见与"二老"的学术领域相去日远，大学时代的"专门化"势必改道，于是便去探求一条"业余化"之路，试图用蕃胡研究来接轨，即使只是充当一名隋唐史的"票友"，也算是重圆自己学术"初恋"之梦了。课堂教学和下乡劳动之余，曾花力气钻研过科斯敏斯基的名著《十三世纪英国土地制度史研究》，旋又扑向伯恩斯坦那部《六至八世纪鄂尔浑叶尼塞突厥人的社会经济制度》，因为后者有多处可与《突厥集史》互补互证，正中下怀。对唐代蕃胡的研究，我往往喜欢从制度上做文章，似乎是这点夙缘起的作用。

20世纪60年代初期，我从兵制和法制入手，开始研究唐代突厥人的社会和文化。在组织材料的时候，力求遵循汉文文献与同时代突厥文物互证的原则，并用突厥语民族的现存遗俗作补充。经过初步的分析，在突厥汗国的军事组织和军事技术方面，取得如下几点认识：第一，突厥人的游牧生活方式规定了他们的军事活动方式。突厥汗国的军事制度是从围猎制度演变而来的，这种亦战亦猎的特性，使"兵革岁动"可以用"扬言会猎"来伪装，发挥独特的迷惑作用。第二，突厥兵制的基本特征是本部兵民合一制与属部征兵制相结合。以部落组织为基础的这种军事组织，部众与部酋的亲属关系，巩固了士兵对官长的从属关系，从而加强了突厥兵的组合。另外，在兵民合一的条件下，社会矛盾的激化很容易引起官兵关系的恶化，从而使军队成为政治危机的温床，兵变成为民变的表现形式。第三，部落组织和骑射技术是突厥军队优势所在，也是它的生命力的源泉。在阿史那氏的汗权倾覆之后，唐朝对漠北的那群蕃兵蕃将大加招抚，就不仅是善后措施，而且也是取敌之长为己用了。

突厥汗国没有留下完整的法律文件，研究它的法制，只能进行一种还原式的探索。我从所有权问题入手，分别挖掘"地分"和"蓄印"、"奴"和"臣"等一系列概念的历史文化内涵，进而分析突厥人的家庭和婚姻，以及继位法和刑法。按其总体的面貌而言，突厥法可以说是习惯法与特权法的矛盾性的结合。它是部落时代习惯法的蜕化形式,即由原来代表整个社会意志的共同规则变成实现统治阶级意志的工具。突厥汗廷的治国安邦术,是从氏族互助的古风中提炼出来的。突厥时代还有大量的氏族制残余。我们不仅看到牲畜私有的现象与牧地公有的古老外壳同时并存,而且还发现母权制时代的光辉,通过重视女系的亲属观念和"多由内政"的风俗,在父权制家庭中投下它的阴影。甚至对劳动力的剥削,也披着寄养制和收养制等氏族互助的外衣。既然社会生活还与军事民主制时期有着千丝万缕的联系,那么,法律观念当然也就不可能与古朴的习俗绝缘了。正因为这样,所以尽管突厥法的阶级烙印相当鲜明,但它渊源于习惯的原貌还是依稀可辨的。我能够从突厥史中觉察到一种与西欧诸日耳曼"蛮族"王国类似的法权现象,可以说是前述那段"中世纪史"教学实践在史识上留下的补偿。既然有悟,也就无悔了。

包含上面这些粗浅体会的拙文《突厥法初探》,发表于《历史研究》1965年第5期。当时正是"山雨欲来风满楼"的时刻,数月之后,中华大地就刮起"十二级台风"。这篇长达两万多字的纯学术文章,竟然能够在严峻的气压下找到生存空间,这完全应归功于当年《历史研究》编辑部的宽容和奖掖。

经历过"史无前例"的风暴之后,重理旧业,已经人到中年了。从感情上说,"似曾相识燕归来"的喜悦无多,倒是"无可奈何花落去"的感伤更加沉郁。从积习来说，个人的工作节奏类乎"打太极拳"，缺乏"打歼灭战"的气魄。整个20世纪80年代，仅仅发表过几篇有关突厥和九姓胡的文章，叩寂寞以求音，并非什么"预流"之作。

九姓胡是西胡之一，即所谓"昭武九姓"。在突厥与隋唐帝国的关系中，他们多次以商胡或使臣的身份起中介作用。突厥文化的粟特成分，以及唐朝境内的胡化现象，都必须到中亚两河（阿姆河和锡尔河）流域去寻根。

沿着重在制度的一贯思路，我对九姓胡的研究抓住两环：一个是朝贡，另一个是胡俗。

西域贾胡的贡使化，是汉唐时期习以为常的历史现象。九姓胡与唐帝国的交往，除来自民间的"兴生胡"外，基本上也是通过"贡"与"赐"实现的。在借贡行贾的条件下，贡品具有二重性，是以礼品为形式的特殊商品。输入唐帝国的九姓胡贡品，由内府向外廷扩散，通过逐步本土化和商品化的途径，部分贡品转化为日用品，丰富了唐代的物质生活。从实质上看，贡品史就是物质文化的交流史。九姓胡在唐代虽然贡无常期，但入贡次数还是十分可观的。计自高祖至代宗150年间，共入贡94次，其中56次属玄宗朝，约占入贡总数的60%。这个令人瞩目的历史现象，通常被归结为"开元盛世"引起的国际反应，甚至被诗人歌颂为"汉家海内承平久，万国戎王皆稽首"。其实，九姓胡之所以在8世纪上半期频频入贡，还有更深刻的动因，这就是阿拉伯人对中亚两河流域的步步进逼。我从这场席卷粟特城邦的"圣战"浪潮，追溯到它对唐代胡汉关系的影响，进一步领会到陈寅恪先生关于"外族盛衰之连环性"的判断，是一个嘉惠后学的卓识。

九姓胡的礼俗问题，是一个更加迷人的领域。像研究突厥法制一样，我对胡俗所能做的，也只是还原式的探索，谈不上什么精确的分析。根据玄奘《大唐西域记》对粟特胡俗的描述，我将其分解为家庭、婚姻、丧葬，以及饮食、岁时、节庆，等等，逐项进行考释。尽管概括出来的这个礼俗体系带有模拟性和假定性，但总比泛泛而谈略胜一筹，因为它比较具体地反映出九姓胡作为商业民族的独特风习。

唐代九姓胡以"善商贾"著称于世，在西方学术著作中被誉为"亚洲内陆的腓尼基人"。他们的活动范围，既是文化圈，又是贸易网。因此，"商胡"一词兼有经济内涵和文化内涵，并不是容易"破读"的。经过探讨之后，我才明白，分析九姓胡的家庭结构，可以找到它的重商习性的秘密，原来是孕育于人生仪礼之中。据《新唐书》及《通典》记载，胡雏从诞生到成丁，经历过教养内容逐步升级的三个年龄阶段：第一，婴儿祝吉："生儿以石蜜哒之，置胶于掌，欲长而甘言，持珤若黏云。"第二，学书启蒙："男年五岁，则令学书，少解则遣学贾，以得利多为善。"第三，成丁行贾："丈夫年二十，去傍国，利所在，无不至。"通过上述三个年龄阶段对商业意识的灌输和传承，一个"商胡"便被按传统模式塑造出来。所谓"商业民族"的神话,也就不攻自破了。

入唐的九姓胡,通常都是"以国为姓",即康国(撒马儿罕)人姓康,安国(布哈拉)人姓安。即使归化之后,土生胡也仍袭用原姓。因此,用姓氏来判别血统,并非十分繁难。真正伤脑筋的,是胡名的研究。从学术史看,经过前辈学者(桑原骘藏、向达、冯承钧、姚薇元)的辛勤耕耘,胡姓研究已经结下丰硕成果;至于胡名问题,则是尚待开垦的处女地。陈寅恪先生在《姚薇元北朝胡姓考序》中早已郑重指出:"吾国史乘,不止胡姓须考,胡名亦急待研讨。"可惜,半个多世纪以来,为此而"急"者寥若晨星,时至今日,国际学术界对粟特人名的研究,已经取得长足进步,相形之下,未免令人感慨。当然,涉足这个领域犹如探险,必须经历辑名、辨字、审音、释义、证史的程序,其中任何环节都容易出错,而且一错就是"硬伤"。我本来是望而生畏的,但考虑到胡名是胡俗中一个不可分割的部分:胡俗制约胡名,胡名体现胡俗,对我来说已经无可回避了。于是便抱定一个信念:在求经路上跋涉,比稳坐蒲团更有意思。"明知山有虎,偏向虎山行。"为了窥探胡名研究的门径,我在中年之后竟去冒一场本来是青年时代才敢去冒的风险。既战战兢兢,又跃跃欲试,结果还是"试"了。坐在冷板凳上,以身试学,犹如以身试药一样,别有一番滋味在心头!苦茶既已喝开,就只好喝下去了。

唐代的史书和墓志，虽记录不少胡名，但最大量的胡名材料，还是储存在敦煌、吐鲁番文书里面。可供比勘的，则有中亚出土的粟特文书，尤其是穆格山发现的那批法律文书和经济文书。因此，在这方面也同样有中外材料互证、文书与文献互证的问题。

从胡名音义的探讨中，我初步找出唐代胡名结构的一些规律：第一，胡名的常用词尾。缀上"延"和"芬"字的人名，在吐鲁番文书和穆格山文书中屡见不鲜。这两个音节，分别含有"礼物""幸运"之意，故为胡人所乐取。第二，胡名的宗教色彩。除"萨宝"来自祆教外，"伏帝"是"佛"的粟特语借词，这与九姓胡地区祆佛并行的宗教环境，如合符节。第三，胡名的突厥成分。隋唐之际，九姓胡曾附属西突厥，与之通婚也习以为常，因此，便留下一批突厥化的胡名，如取自官号的"安达汉""康逸斤"等。

以上云云，无非是一番"问津者"言，微获小识，如此而已。至于学术的"桃花源"，我自知相去尚远，由于天时、地利、人和的制约，恐怕无缘达到了。陈寅恪先生首倡"急待研讨"的胡名，依然"急待研讨"。如何实现大师之嘱，是所望于后贤了。

关于唐代蕃、汉、胡的关系，我也曾探究过其中一段文化因缘，这就是突厥年代学中的十二生肖。

自19世纪末以来，由于古突厥铭文解读成功的推动，国际突厥学界对十二生肖纪年法的起源和传播，作过相当广泛的探讨。致力于此的学者，在论著中从东亚、中亚追溯到西亚，将农耕民族与游牧民族的纪年法进行比较研究，扩大了古代文化史的认识范围。时至今日，各国学者已经从历史学、考古学、民族学和语言学方面提供了大量资料，使我们有可能去推断古突厥人居住的漠北地区，究竟是不是十二生肖纪年序列的发源地。问题的焦点在于寻求内证。我从突厥游牧社会的文化传统和生态环境中，找到十二生肖不可能从穹庐毡帐中脱颖而出的四点理由。第一，数字观念：古突厥人把"十"看作化生万物的神秘数字，而以"十二"为计算单位的观念，在突厥史中无根可寻。第二，图腾崇拜：突厥汗系以"狼"为氏族标志。这个狼图腾并没有像汉族的"龙"那样被凝固在十二生肖之中。第三，动物构成：在古突厥的动物世界，有四分之一生肖（虎、龙、猴）是闻所未闻的。第四，生肖传说：突厥后裔的民俗，将生肖历归结为某个君长的独自发明，或群兽渡河竞争的结果，看不出任何从雏形到定型的轨迹。很明显，十二年一周的生肖历，不会是以青草为记的物候历突然转化的结果。它很可能是由绢马贸易的中介九姓胡从河西导入北蕃的，时间大概在6世纪下半期。此事另有专文论证，我在这里想到的是，如果此说不谬，那么十二生肖在突厥汗国的传播，就成为中世纪一段蕃、汉、胡文化交流的佳话了。

至于文化交流中的西域物种，我特别感兴趣的是狮子和猧子的历史命运。为此而撰写了两篇文章：《狮在华夏》和《哈巴狗源流》。从宏观的文化研究来看，一狮一狗，微不足道，为什么要小题大做呢？

在西域文化与华夏文化的交叉点上，狮子的历史命运带有两极化的特点：一方面，作为西域的贡品，狮子只有观赏性而无实用性，因而不能得到像汗血马那样的养殖和调习，甚至自唐代至明代多次出现"却贡"的事例，被官方拒之境外。另一方面，狮子作为瑞兽形象，长期与中国"灵物"共居显位，遍布通都大邑和穷乡僻壤，并向文化生活各个领域扩散，成为民间喜闻乐见的吉祥的象征。可以这样说，狮在中国的历史上，对于研究文化传播过程中物质和精神两种体系的转换，以及外来文化与本土文化的融合，都有非常典型的意义。因此，我明确地主张，对狮在华夏的历史应作两面观：从贡品史看，狮子作为"西域异兽"没有任何实用价值，难免遭受一连串的冷遇——却贡、遣返或老死于虫蚁房中，终于销声匿迹，对中国历史进程毫无影响。从民俗史看，经过华夏文化的陶冶，狮子形象大放异彩，变成"四灵"（龙凤麟龟）的同伴，取得在形和神两个方面的中国气派。因而，既受民间喜爱，也可登大雅之堂。事实表明，历代中国人所赞赏的，并非狮的实体，而是狮的精神。近代中国的勃兴被喻为"睡狮"的觉醒，岂无故哉！

唐代从西域引进的新物种，还有所谓"康国猧子"者，即后世的哈巴狗。它从王朝贡品到民间宠物的演变，历经唐、宋、元、明、清，是通过本土化和商品化的途径实现的。我从史籍诗文和笔记中，爬梳出历代哈巴狗的21个异名，说明自李唐以来世人甚爱猧子的秘密，就在一个"趣"字：此犬虽无补于国计民生，却具有常犬所无的观赏价值，为中国人的精神生活增添了新的乐趣。可见，文化交流中的选择性，并不是事事着眼于功利的。

我把狮子和猧子作为中西文化交流的镜子来研究，并没有"可怜无补费精神"之憾，甚至还尝到一点微观的甜头。事实上，"窄而深"是另一种方式的智力操练，与治鸡毛蒜皮之学毫不相干。俄国著名的戏剧家斯坦尼斯拉夫斯基说过："没有小角色，只有小演员。"我非常赞赏这句话，并且认为艺术上如此，学术上也是如此。

多年来，我对宗教史一直怀有浓厚的兴趣。除对岭南佛门和僧尼史事略有考述外，在从事唐代蕃胡研究的时候，往往情不自禁地会去敲一敲宗教之门。

在6至8世纪突厥汗国的地图上，按宗教信仰的性质，可以大体上分成三个区域。第一区是萨满教区，包括南西伯利亚、蒙古，直至伊犁川东北岸。第二区是火祆教区，起碎叶川，止乌浒河流域，尤以中亚河间地区的昭武九姓祆祠最多。第三区是佛教区，包括乌浒河东南至印度河西北各地。当我们依次逐区进行考察的时候，就会对突厥的宗教地理产生一个鸟瞰式的印象：一部突厥人从东到西的征服史，同时也是一部突厥神由盛而衰的变迁史。在古突厥人的原始信仰中，火神崇拜曾居崇高地位并带有全民性质，突厥学家甚至从"突厥"一名的语义构成中挖出"火"的因素（"突"字源于火神"托司")。尽管突厥人的"火"种来自漠北,一旦进入九姓胡的火祆教流行区,古老的草原之"火"就变得暗淡无光了。于是,便出现一种以"刻毡为形,盛于皮袋"为特征的突厥祆神。由此看来,对唐代文献中"突厥事祆神"的记载,不可顺手拈来而作皮相的理解。其实,这既是突厥人胡化的结果,又是祆神突厥化的表现。我离"读书得间"的境界还很远,但不敢学"一目十行"之类的才子派头,也不愿人云亦云,则是大学时代诸位严师所赐。

回首往事,我到中外交流史这片园地学步和探索,留下的无非是风风雨雨中一连串摸爬滚打的印记,与开拓、突破或除旧更新之类的豪情壮志无缘。如果可以借用词调来形容,那就应该说自己没本事高唱"水龙吟",只不过哼过几声并不嘹亮的"南歌子"而已。

30多年前,由于偶然的机缘,我带着几分腼腆介入一个陌生的研究领域:中俄关系史。俄国是"北地陆路通商之国",我僻处南海之滨,竟想领略北国风光,可谓不自量之至。幸亏当年有馆际互借的制度,加上中山大学图书馆刘少雄先生的敬业精神,使我得以通过邮递,一本接一本地借阅北京图书馆的俄文藏书,其中不少是难得的珍本,如饮甘露,大快朵颐。鼓励我知难而进的,还有前辈同事谭彼岸先生,他移居旧金山后,曾多次寄赠美国学者研究俄国史的论著,提供了"他山之石,可以攻玉"的门径。刘、谭两位在起步阶段如此"扶贫济困",惠我多矣,岂敢淡忘?

在清代中俄关系上，北京俄罗斯馆的地位是非常特殊的。建交伊始，清政府便用"理藩"眼光看待俄国，给它"特设邸舍，以优异之"的待遇。何秋涛所说的"设俄罗斯馆以待朝贡互市之人，立俄罗斯学以训慕义观光之士"，也无非是正统主义的理解和一厢情愿的认识，并未觉察到俄罗斯馆问题的复杂性。只有马克思的敏锐眼光，才注意到西方海运国家连跟两广总督直接联系的特权都得不到的时候，"俄国人却享有在北京派驻使节的优先权。固然，据说这种优先权是由俄国人付出屈尊容忍的代价换来的：它只有算作中华帝国的一个朝贡藩属才得侧身于天朝的朝廷。但这毕竟使俄国外交在中国，也像在欧洲一样，有可能产生一种绝不限于外交事务的影响"（《俄国的对华贸易》）。"藩属"是虚，"优先权"是实。俄罗斯馆的表里、形神，大体上就是这么一回事。

当然，要揭开俄罗斯馆的内幕，并非轻而易举。作为客馆、学馆和喇嘛馆，俄罗斯馆尽管没有"使馆"之称，性质上却是多功能的。19世纪60年代以前的中俄关系，无论商务、外交还是文化，几乎事事通俄罗斯馆，构成一种蛛网式的关联。处于中心位置的俄国驻北京布道团，是俄罗斯馆的实体。按其内部逻辑而言，可以说团史即馆史。因此，分析那批定期换班的喇嘛、学生的事功和著述，便成了俄罗斯馆研究的主要内容。

学问的取向，尽管受到传统的制约，但往往因人、因时、因地而异。燕京岁时的一首儿歌说得好："新年来到，糖瓜祭灶。姑娘要花，小子要炮。老头子要戴新呢帽，老婆子要吃大花糕。"各有所欢，各有所好。生活上如此，学术上也是如此。我所涉足的学术领域，不今不古，非洋非土，其客观的规定性就是要立足中国，放眼世界，考察不同时期双边互动的历史情景，尤其是两种异质文化从接触到交融的情景。

按个人治学的习性，惯于进窄门，走小路，找陌生人交朋友。因此，凡所考述，只有拾遗补阙之微意，完全不存在成大器的奢望。古语云："不贤识小。"对我来说，要紧的是识小，至于贤不贤何妨待人评说。"我只想造希腊小庙。选山地作基础，用坚硬石头堆砌它。精致，结实，匀称，形体虽小而不纤巧，是我理想的建筑。"沈从文先生这段夫子自道，正合我心，但愿读者知之，谅之，教之。

学问是一个望不到边际的认识领域，有起点而无终点。即使是大师巨子，也不敢宣称自己什么时候到顶了。人们耳熟能详的"学海无涯""学无止境"一类话，作为古代学者的悟道之言，在信息时代依然保持着它的棒喝作用。予生也晚，但与学问结缘却也颇久了。可惜悟性不高，一直未能深入学境的腹地，至今仍然是一个碌碌的"边民"，无任何"前沿"意识可言。像南宋诗人陆放翁那样的敏感——"树罅忽明知月上，竹梢微动觉风生"，我是自愧不如的。倒是清代画家郑板桥的对子——"多读古书开眼界，少管闲事养精神"，反而正中下怀。因此，长期安于在"自留地"上笔耕，不计较丰收还是歉收。辑入本书里的小议和随谈，只是个人在学海中的点滴感悟，离真知灼见还很远，很远。

学术境界，说到底是一个精神境界的问题。"丹青难写是精神"，艺术如此，学术也是如此。所谓学术的精神，尤其容易似是而非，难怪清代学者章学诚要花大力气去"辨似"了。他说：

> 学术文章，有神妙之境焉。末学肤受泥迹以求之。其真知者，以谓中有神妙，可以意会而不可言传者也；不学无识者，室于心而无所入，穷于辨而无所出，亦曰可意会而不可言传也。君子恶夫似之而非者也。

确实如此，"颦"之为态，西施有之，东施也有之，唯识者才免于混为一谈。所谓"可意会而不可言传"，模糊性中有确定性，其实就是一种"心法"。后学不等于"末学"，重温师门教泽，牢记前辈诤言，借以自我鞭策，才能避免自我陶醉。

早在半个多世纪之前，陈寅恪先生就在《吾国学术之现状及清华之职责》一文中，语重心长地写道："今世治学以世界为范围，重在知彼，绝非闭户造车之比。"治学之路通向世界，是精神生产克服"小农意识"的必然趋势。安于一隅，不屑知彼或懒于知彼，往往会沦为"乡曲之学"，纵然没有自我陶醉，实则已经掉队了。我在唐代蕃胡研究中，尽管对国际突厥学和粟特学的成果不敢玩忽，但毕竟语言工具贫乏，能弄到手的书刊也寥寥无几，往往徒叹奈何。1996年秋季，我应邀访问瑞典隆德大学和英国牛津大学，得以利用两校丰富的馆藏，补读了一些过去未读的书，在"知彼"方面略有寸进。但从总体上说，我对有关学术领域的了解，依然挂一漏万。明知不可"闭户造车"，却仍处于"贫血状态"，这是无可辩解的。季羡林先生为拙著《唐代九姓胡与突厥文化》（中华书局1998年版）作序，使我又一次感受到来自前辈的督责："居今日而谈学问，必须中西兼通，古今融会，始能有所创获，有所前进。坐井观天，故步自封，是绝对不行的。任何学问，现在几乎都是世界性的。必须随时掌握最新动态，才真正能跟得上时代的步伐。稍一疏忽，即将落伍。"金玉之言，落地有声。时代的步伐已迈入21世纪，我虽然是一个诞生于20世纪30年代的人，仍然是希望"有所前进"的。

科学教养的诗篇，并不是什么轻音乐。就算才华横溢的名士，也不得不承认勤学苦练的必要性。"扬州八怪"的代表郑板桥说过几句似怪不怪的话："不奋苦而求速效，只落得少日浮夸，老来窘隘而已。"我的"少日"早已过去，现在要考虑的是如何避免"老来"颓唐的问题。用不着张望什么，按"奋苦"行事就是了。

2012年12月31日

于中山大学

藏六居独语

林悟殊按：《藏六居独语》是蔡鸿生先生夫人蒋晓耘老师在整理先生遗物时，于其一个笔记本中所发现的。查"藏六居"之名，首见于先生《蔡鸿生史学文编》（2014年"岭南文库"）的"自序"，是序便以《藏六居学记》（已收入本书）为副题，开篇即示以"藏六居"其名之原委。

"藏六居"既是先生向往的精神境界，"藏六"又寓其姓于中，目其为先生晚年的自号，谅无不可。《藏六居独语》便是先生的"自家独语"。先生在中山大学执教半个世纪后，于2006年6月正式退出教坛，进入其所戏称的"教授后工作站"，专心治学，笔耕不辍，除整理旧著外，新作更是接二连三而出；而今所见《藏六居独语》，是先生专题系统研究之余，以笔记的形式，将读书科研过程中的感悟、反思人生际遇经验的心得、考察社会现象的洞见等，提炼成文字，逐条零星记录下来。该等"独语"，短小精悍，短的不足10字，长的亦不过200来字耳。三言两语，字字珠玑，言人所不能言、想人所想不到，充满哲理，意味无穷，言简意赅而发人深省，脍炙人口而令人爱不释手，可谓"蔡氏哲言录"。

先生的"独语"显未终结，倘假以寿年，必将续写下去。不过，就现有的130条看，已荦荦可观，涉及面甚广，人文学科的诸多领域概囊括其中，先生之博识，由此可窥一斑。是为先生留下的最后一笔宝贵精神遗产，吾辈从中可领略先生脱俗求真的治学境界，体验先生卓绝的史识哲思，更可意会先生"一辈子做明白人"的理念。荷蒙蒋晓耘老师同意，将其首刊于本集，权作一席精神佳肴，与大家共享。至若读者如何消化，则"各有灵苗各自探"了。

自　　序

独语：自悟，自说，自律，自勉。权充精神保健操，防止老年痴呆症。但愿一辈子做明白人。

戊戌仲夏

1. 不趋时，不背时，唯适时为正道："适者生存！"

2. 闭口开眼，心知其意，连"今天天气哈哈哈"也免了。善哉善哉！

3. "中庸"被诬为折中主义，应当平反。其实，中者正也,庸者常也。"中庸"就是正常,难能可贵。

4. 良心是童心(纯洁)与佛心(慈悲)的合成。良心即"心良",正如自由即"由自"一样。

5. 八大山人的签名似"笑之哭之",钱默存(钱锺书)的签名似"黑犬才子"。前者悲痛,后者滑稽。

6. 哭声比笑声更动人。

7. 有集体协作,无集体研究。所谓研究,永远是个体行为,是一个脑袋的独立活动。"三个臭皮匠,胜过诸葛亮",真有其事么?

8. 知堂火候足,
   苦茶韵味深。
   晚年胡适之。
   独赏周作人。

9. "菩萨低眉"比"金刚怒目"更暖人心,也更得人心。

10. 《康定情歌》自1938年面世以来,"粉丝"遍天下。其思想性长期被艺术性所掩,至今还是待发之覆。不妨强作解人:张大哥看上李大姐,一来是"人才好",二来是"会当家"。前者短暂,后者持久;前者属"色",后者属"德"。王洛宾于无意中,用"溜溜调"的民歌诠释了康德关于优美感应提升为崇高感的美学原理,这就由乐通哲了,可喜,可佩,可传。

11. "机器人"是机器,不是人,把它推上讲台,只会照本宣科,不能因材施教。

12. "字字看来皆是血",高不可攀;"字字看来皆是水",平淡无奇。倘能达到"字字看来皆是汗",就无愧于心了。

13. 历史不该戏说成故事,故事应当还原成历史。

14. 心得最难得,因为它不是耳得。

15. "弃我去者昨日之日不可留,乱我心者今日之日多烦忧",明日之日又会怎样呢?天晓得,李白不晓得,难怪他只想"弄扁舟"了。

16. 在戏院里,往往会出现这样的场面:演员的假哭泣,换来观众的真眼泪。一旦揭穿了,就没有艺术了。能说"艺术是骗术"吗?

17. "人生过处唯存悔,知识增时只益疑"(王国维)与悲观主义和怀疑主义,有没有可比性?

18. "假如生活欺骗了你",怎么办?诵读普希金的同名诗篇(作于沙皇时代的1825年),落难者就有精神支柱了。

19. "八仙"中有个张果老,似乎是老子的化身。他的"神通"是"倒骑驴"上路:望后朝前,通过向后看来推动向前。妙!演示了辩证法。

20. 中国史学"二司马",法力高强,功德无量:
司马迁创纪传体,把历史形象化;
司马光立编年体,把历史过程化。
有形象,有过程,历史就活起来了。

21. 偶集陈寅恪先生句,以彼心照此心:

读书不肯为人忙,
自家公案自家参。
世态万端同是戏,
老来事业未荒唐。

22. 生命进入秋天,不必彷徨,刘禹锡的诗会给你打气:

自古逢秋悲寂寥，
我言秋日胜春朝。
晴空一鹤排云上，
便引诗情到碧霄。

23. "旧时月色楼主"有言：

人老了要服老，要安于自己的年代，要以自己的年代为荣，要守住自己年代的本分，不必指望下一代人跟你的脚印走，这样才可免遭"寿多则辱"的那个"辱"字。

董子2003年未老先悟，了得！

24. "知堂老人"的史识，自有其过人处：

历史所告诉我们的在表面的确只是过去，但现在与将来也就在这里面了：正史好似人家祖先的神像，画得特别庄严点，从这上面却总还看得出子孙的面影；至于野史等更有意思，那是行乐图小照之流，更充足地保存真相，往往令观者拍案叫绝，叹遗传之神妙。

翻开故纸，与活人对照，死书就变成活书，可以得道，可以养生。

九十年前已发现历史的遗传,九十年后应该找出基因了。拭目以待吧。

25. 心地宽、气量足的人,永远不患"红眼病",永远不做"乌眼鸡"。

26. "花好月圆"已经达到顶点,接着就要花落月亏了。真正的最佳状态,倒是"花未全开月未圆",正像"我未成名君未嫁"一样。在过程中,在发展中,型未定、局未僵、境未绝,比"画上句号"好多了。

27. 青山与白云对话,被诗人窃听了。

   青山说:"青山不碍白云飞。"
   白云说:"我见青山多妩媚,料青山见我应如是。"

28. 托尔斯泰晚年变得啰唆了,喜欢说教,《生活之路》充塞训教,令人生厌。老而不"止",跌倒在终点线上,可惜。

29. 书生气,有酸,也有辣。因时而异,因人而异。

30. "国"字的多义性(国土、国族、国家),引来归属感的多样性。一概而论,岂不是空谈误"国"?

31. 我看你，不奇；你看我，也不奇。我看你看我，才奇。比较文学、比较史学，其魅力在此。

32. 地图表现空间，年表表现时间。在时空坐标中给历史人物定位，十拿九稳，不妨一试。

33. 我属鸡，经常以"木鸡"自勉，意为：不唱不啼。

34. 听说有人将"现代"（modernization）译成"妈的奶最香"，音好，义好，似可补入《一切经音义》。

35. "人怕出名猪怕壮。"自从发明"烧乳猪"之后，这句民谚就被修正了，因为未壮之猪，也在劫难逃。

36. 矮子与长子都接地气，但矮子站得更稳，因为他不招风。矮人半截，有福呀！

37. "望梅止渴"比"画饼充饥"高一级。前者可归入心理疗法，后者不能算精神快餐：没有水怎么吞得下去？梅挂在树上，饼画在纸上，一实一虚，不可同日而语。

38. 学术、艺术、医术、武术，什么术都源于"心术"。心不正,术必歪。"良心"是中华文明的老字号,让它重放光芒,必定给各行各业带来福音。

39. 微物壮观:滴水穿石,蜗牛爬墙,蚍蜉撼树,蚂蚁啃骨头。

40. 闲情是俗的,逸致是雅的,不可等量齐观。

41. 文字游戏可以开人心窍,例如下面的对子:

西班牙——东坡肉
咸水妹——淡巴姑

虽比名对"孙行者——胡适之"略逊一筹,仍不失才思和文采。

42. 舞文弄墨、手无寸铁的人,热衷于武装化的字眼,似乎是当今一怪。如阵地、团队、制高点、突破口、主攻方向、打歼灭战和领军人物之类。本来是"冷板凳"上的玩意,属于荒寒之道,何必虚张声势!祝发烧的"书生"朋友,早日回归"叩寂寞以求音"的常态。

43. 电灯照耀千家万户。"白发无情侵老境",依然存在;"青灯有味似儿时",却永远消失了。唉呀,"怀旧"原来是"捕风",自讨苦吃。

44. 给古建筑、古驿道注入新元素,不知有何高招。如果是"长衫马褂加领带"的套路,那就赶快叫停吧,谢主隆恩!

45. 迷与癖,貌似神异。前者带盲目性,后者带自觉性。"历史癖"钻牛角尖,"历史迷"食古不化。殊途同归,均属精神病态。

46. 瓶装矿泉水严正声明:"人走茶凉",与我无涉。

47. "隔靴搔痒"是微妙的动作,可以欣赏,不必模仿。

48. "宠儿"被溺爱,"弃儿"无人爱,都是不幸的。只有那个可有可无的"平常儿"最幸福,他在半饥半饱中学会自爱。

49. "好了伤疤忘了痛",未必失忆,也许是自我麻醉,一种秘传的心理疗法。

50. 寓言片段:
某年,某月,某日,陶渊明与陈寅恪在珠江边会晤，望水兴叹，挥泪而别。后来又双双在庐山露面，交头接耳，不知所云。据黄泉通讯社最新消息，陶、陈的合作项目已经结题，其研究成果有破有立，确认此间只有咸海、黑海和死海，并无桃花源，云云。

51. 华君武先生有一幅神来之笔，题曰"陈寅恪热"，画个小屁孩爬上书架取《柳如是别传》，旁边无大人照料。我看后，既拍案叫绝，又拍案叫"惨"。

52. "淡淡的三月天，杜鹃花开在山坡上，杜鹃花开在小溪旁，像村家的小姑娘"，好一条迷人的风景线，如今只能梦中寻了。

53. 在群贤毕至的盛会上，有的话对得平庸，有的话错得可爱。你喜欢哪一种？弥勒佛答："兼容并包。"维摩诘评："无是非论！"

54. 文为艺本，《扬州画舫录》卷十一有事为证：

  徐广如始为评话，无听之者，在寓中自捆其颏。有叟自外至，询其故，自言其技之劣，且告以将死。叟曰："姑使余听之，可乎？"徐诺。叟聆之，笑曰："期以三年，当使尔技盖于天下也。"徐随侍。叟令读汉魏文三年，曰："可矣。"故其吐属渊雅，为士大夫所重也。

据说,相声艺术家马季晚年,有人问他:"为什么现在的相声走下坡路?"答曰三个字:"缺文化。"古今二例,相映成趣,真理只有一条。

55. "鸡毛飞上天",完全是因风而起的,自身无能为力。应该赋予"了解之同情",不要笑它"飘飘然",此所谓恕道也。

56. 莎翁金句:"会闪光的并不都是金子。"(《威尼斯商人》)

57. 即便世界上只剩下一双鞋,赤脚大仙也不愿意"削足适履",因为他走惯荆棘路。

58. "送穷"是应当的,"拜金"却要不得。

59. 除传道、授业、解惑之外,还应加上一项"擦屁股",教学生做个干干净净的人。

60. 感情与表情分离,是文明演进的结果。可惜,如影随身,虚伪也跟着来了。"文明人"善于做作,巧于包装,往往比赤身露体的野蛮人更丑。

61. 广式月饼,从表到里,都浸润着创造性思维。作为一名外行的食客,我赞美它非同凡响。形状由圆改方,有稳重感,此其一;油而不腻,得中庸之道,此其二;最后一点,堪称"南蛮"绝招:用咸蛋黄配甜莲蓉作馅料,对立统一。好嘢,胆大艺高,无名饼师出了名。

62. 和谐,其实是磨合,并非和稀泥。

63. "多读老庄开眼界,少管闲事养精神。"给郑板桥的联语改字,用"老庄"替换"古书",不可为而为之,敬请"扬州八怪"的大怪勿怪。

64. "与世无争"的当务之急是不争"话筒"。至于不争饭碗,不争座位,那是次之又次了。

65. 惰性是定居养成的,安乐窝出寄生虫,从有幸走向不幸。"居安思危",谈何容易!

66. 对儿童,无论男女,先教"人、手、足、刀、尺",再教"仁、义、礼、智、信",合情、合理、合法。

67. 圣经和佛经,都是人造的,而且是众人造的。造神论比无神论和多神论,更浅白还是更深奥?恨不能起季羡林先生于地下而问之。

68. 我们不再受骗了：饱学之士原来是"泡学"之士。

69. 三句话加三个按语和三种标点：
"外来和尚会念经"，是吗？
"本地姜不辣"，未必！
"草色遥看近却无"，对了。

70. 为了避免相似性与同质性混为一谈，有些"废话"不可废：
瀑布似布不是布，
铁饼似饼不是饼，
册鱼似鱼不是鱼，
佛手似手不是手。

71. 次品充成品，成品充精品。油漆未干的"老字号"，乳臭未干的"传统学科"，纷纷上市了。愚公被骗不可惜，赤子上当才后患无穷。

72. "口头禅"之禅，不是口语化之禅，而是口号化之禅。善男信女们要分辨清楚。

73. 一枝独秀的园林，门前冷落车马稀，尽管园主花掉一亿元广告费。

74. 如果"公仆"和"公民"同胎出生,那就双喜临门了。

75. 老香客告诉小沙弥,食素念经易,排污驱邪难。假和尚拥有真衣钵,最危险!

76. 图书可以商品化,知识不能商品化。

77. 自爱不是自恋,自卫不是自私。

78. 仅有一面之缘的勒高夫(Jacques Le Goff)教授生前有言:"历史研究,要更物质化和更精神化。"感谢他友好开示,多年的"偏枯症"才得救了。

79. 陈寅恪老师给崔莺莺作过两项体检。一、透视:名妓伪托高门;二、验血:有"酒家胡"嫌疑。不才弟子认为,前者可信,后者可能,尚待"博雅学院"复查确诊。

80. 历史现象十分复杂,即使给予前后、左右、表里、动静的观照,也未必就能获得"通识"的证书。

81. 听说小学生的作业负担就要减轻了,这是精神和肉体的一次特赦,我以"祖父"的名义为孙子谢天谢地。

82. 大、中、小学生的近视率急剧攀升。不用多久,按量计算,近视眼镜就要成为中华"国镜"了。杞人忧天,鄙人忧眼,见笑见笑。

83. 名者,实之宾也。所谓"知名度"如果脱离"知实度"监控,就难免泡沫化了。

84. "十年树木,百年树人"的古训,已经被"教育激素"的推销员撕成碎片了。

85. "春风得意马蹄疾"很神气,"破帽遮颜过闹市"更安全——十字街头的"温馨提示"。

86. 神童很难成材,状元文章极少传世。

87. 我的弟弟的弟弟,肯定是我的弟弟;我的朋友的朋友,未必是我的朋友。人缘比血缘复杂得多。

88. 鸟笼关得住画眉,关不住青春。放生吧,一了百了。

89. 凡是宠物,都易衰老。波斯猫如此,哈巴狗也是如此。

90. 研究李白的人,如果因为他自报身高"长不满五尺"就定为矮子,因为他自报写作速度"日试万言,倚马可待"就定为快手,岂不成了有头无脑的书呆?

91. 20世纪某些学者的精神三部曲:实现自我,丧失自我,回归自我。

92. 有学识、无经费的教授不准招收研究生,这是强迫导师当老板,史无前例。

93. 哭出来的眼泪和笑出来的眼泪,是不是同样的眼泪?这类课题不必立项。如果重新设计,改成:同样的眼泪,为什么有的笑出来,有的哭出来?就值得立项了。黑格尔在《小逻辑》已孤见先发:"心情充满快乐,会喜得流出泪来。最深刻的忧愁,常借一种苦笑以显示出来。"

94. 上过当、撞过邪的人,未必就有免疫力。

95. 相信耳朵,不如相信眼睛;相信眼睛,不如相信脑袋。

96. "有奶便是娘"来自原始思维,不算实用主义。

97. 严父其实是慈父,不要忘记感恩。

98. 弘一法师是出家的"茶花女",以"悲欣交集"为最终境界。

99. 早在前信息时代,异想天开的文人,就已经邀请"枝头"上的"好鸟"进"朋友圈"了。

100. 2018年,正值大唐创业(618)1400周年,个人对开元天宝遗事的余兴,又重新点燃起来了,录以备忘:

> 逆胡安禄山晚年,体重达350斤,腹脂严重下垂,视力也开始衰退了,竟会跳快步急转的胡旋舞,岂非咄咄怪事!百思不得其解,只好"大胆假设",这是用作势来逗趣,以博唐玄宗和杨贵妃的欢心,如此而已。
>
> 自知用逻辑解释历史是下策,一旦遭到"拿证据来"的责问,就只好夹着尾巴逃跑了。但输法不输理,还是要硬嘴回应:"尽信书不如无书!"

101. "天要下雨,娘要嫁人",该怎么办?如果你是乖仔,就应提醒妈妈:"小心路滑。"除此之外,不必再打听她的对象姓甚名谁了。

102. 年年读,月月读,天天读柳宗元的《江雪》,可以得天趣,可以除烦恼,可以降血压:

千山鸟飞绝,
万径人踪灭。
孤舟蓑笠翁,
独钓寒江雪。

103. 年过半百的老学生,已经不明白"干校"所干何事了。我只好轻描淡写地告诉他:以"蔡"种"菜"。

104. 佛祖遗教:"口诵佛号"不如"以戒为师"。

105. "现在佛不拜过去佛"(赞宁语),既有宗教智慧,又有政治智慧,高僧高见,难怪被封为"通慧大师"。

106. 鲁迅劝告失恋的文学青年:"由她去吧。"小子能否因大师之教而大悟,也"由他去吧"。

107. "学术休假",是带薪休假搞学术,不是学术收档搞休假。

108. 当今的教育机构,有一项特异功能,即子弟学校办"家长学校"是也。

109. 露财和露才,同样会惹来杀身之祸。

110. 哲人向凡人交底:"我只知道一件事,就是什么我也不知道。"这是苏格拉底伟大的谦虚。

111. 被学术垃圾包围怎么办?强者清道,弱者掩鼻,智者"不见为净"。

112.《佛说四十二章经》摘抄:

佛问诸沙门:"人命在几间?"对曰:"数日间。"佛言:"子未知道。"复问一沙门:"人命在几间?"对曰:"饭食间。"佛言:"子未知道。"复问一沙门:"人命在几间?"对曰:"呼吸间。"佛言:"善哉,子知道矣。"

113.《老子》摘抄:

知人者智,自知者明。
胜人者有力,自胜者强。
知足者富,
强行者有志,
不失其所者久,
死而不亡者寿。

114. "一物合一药",不同质的矛盾,用不同质的方法去解决:

国家执法,
社会讲理,
家庭动情,
个人自觉。

115. 快行无好步,欲速则不达,速成法是速朽法。

116. 什么叫画龙点睛?"情人眼里出西施"的"出"字就是,"临去秋波那一转"的"转"字也是。

117. "文"科其实是"人"科。

118. 陆放翁名句:"花若解语还多事,石不能言最可人。"既移情,又入理,是从枯肠中搜索出来的双料诗思。

119. 经受过两次霞光的洗礼之后,"落汤鸡"终于明白:"早霞不出门,晚霞行千里。"这样的判断力,不必再批判了吧?老天爷。

120. "美人自古如名将,不许人间见白头。"这样的"葬花辞",别有一番滋味。

121. 但愿从事精神生产的人不会忘记:"熟"就是"俗"。"熟知非真知。"(黑格尔)

122. "一线天"是旅游胜境,也是学术胜境:以小见大,从狭缝观察天地。耶稣教人"要进窄门"。

123. "成就感"是自我陶醉者的幻觉。

124. 拙著《广州海事录》出版之时(2018),适值大唐创业(618)1400周年,不期而遇,敬录观堂佳句,以志学缘:

南海商船来大食,
西京祆寺建波斯。
远人尽有如归乐,
知是唐家全盛时。

125. 在浊世中,吃干净饭,做明白人,是办得到的。

126. 父母传给子女:好体质和好品质,胜过万贯家财。

127. 绝对:"寂寞红"(元稹《行宫》)对"伤心碧"(李白《菩萨蛮》)。
柳永"惨绿愁红"(《定风波》)可供比较。

128. 在破屋中补衣,比在豪宅里吊液更幸福。

129. 不宜"先天下之忧而忧",只应"后天下之乐而乐"。

130. 生命是科学的,生活是艺术的,生平是历史的。

学园退思录[1]

林悟殊按:《学园退思录》是蒋晓耘老师在整理蔡先生遗物时,继《藏六居独语》之后的又一发现;见于先生的另一笔记本,凡两页。原题之后有括号,内云"200条,取'双百'意";而今所见,仅21条耳。据蔡门弟子回忆,先生在荣休前后,曾谈及撰作"退思录"之计划,至于何以半途而止,则不得而知。顾现存的"退思录",题材、体例与"独语"同,均以匡正学界时弊为主,言简意赅,一针见血,发人深省,弥足珍贵。今照录原文,将其附于"独语"之后,一同发表,以资共飨。

• 一本书的取名命意,以能显本色为高。知堂先生那篇《本色》,理说得透,已无剩义。偶得一证,即沈从文描述发生在茶峒的故事,只用"边城"二字,就突出了乡土性和社会性。倘在时髦作家笔下,也许会用花

---

[1] 原题:《学园退思录》(200条,取"双百"意)。

言巧语，立个动听的名堂，如："摆渡女郎"或"翠翠之恋"之类，那就不是雅而是俗了。沈氏有言，他是写给"少数人"看的。

- 做平常人——不卑不亢；得其"平"。
  持平常心——不张不弛；得其"常"。
  写平常书——不偏不倚；得其"正"。

- 学人的气质与眼界，有必然联系在：钝根乐小法，利根识大法。根深才会叶茂。至于"鸡毛飞上天"，那是借助风力的。

- 佛经的"戒、定、慧"，可以移作治学三字诀：
  戒：遵守学术规范，宁为郊叟，不当市侩；
  定：脚踏实地，不浮不躁，聚神潜研；
  慧：开发自身智慧，提出独立见解。

慧从定生，定由戒成。不守戒者也有小聪明，投机取巧，那是为人所不齿的"狂慧"了。

将这个三字诀与王国维的"三境界"相印证，可收异中求同之效。

- 皈依佛门者，可皈净，也可皈禅。净、禅有差异：净的依赖感很深，时刻念佛；禅的主体性很强，明心见性。净更像宗教，禅更像哲理。

- 信仰要诚,研究要疑。前者动情,后者探理。学识非信仰,不要将学徒培养成信徒。

- 书生气就是酸气。一酸,就无真味了。《西厢记》那句……值得警惕。

- 教、研二事,即古人所说的"舌耕"和"笔耕"。耕就是生产,舌、笔之耕就是"精神生产"。

- 士与农工商,均属"四民",是老百姓,不可自命为"大士",要群氓来膜拜。

- 因材施教(儒),着眼于对象;随机化导(释),着眼于环境。都是从实际出发。这八个字,抵得上一部教育学。

- 学术的年轮,并不是和生命的年轮一致的。德高望重者,未必相应地学深,也是常见的。知可以与日俱增,识可在"黄金时代"爆发。

- 奉劝那些动不动就说"填补空白"的聪明人,听听《圣经·旧约》训道篇里的一句话:"太阳之下决无新事!"

- 学术这个行当,自古以来就是比高低,不是比厚薄的。书忌臃肿,人怕"痴肥",就是因为它既不健,又不美。

• 在知识问题上,什么一鸣惊人,一次到位,一步登天,等等,都是炫惑性的,切不可信以为真。以所谓"一鸣惊人"为例,关键在于分辨何人被惊:雅人还是俗人,高人还是庸人。倘若受惊者本来就是智障者,你所发出的信号就不会高明到哪里去,是吗?

• 右不对,左不对,中间呢?也不对。超越于左、中、右之上的,有理性在。它是客观真理,像太阳一样是在我们头上。要走向太阳,拥抱太阳。

• 《金明馆丛稿初编》自序云:

> 此旧稿不拘作成年月先后,亦不论其内容性质,但随手便利,略加补正,写成清本,即付梓人,以免再度散失,殊不足言著述也。

似乎著者在体例上既不分期,也不分卷,完全是随意的。其实,这正表示入编的旧稿各有独立存在的价值,是学术上的高度自信。

• 中外关系史的结构和方法,可以八字尽之:两道、二西、双向、互动。

- 批判、破等,给学坛留下的阴影:
  1. 问题意识薄弱:"培养具有独立分析问题、解决问题能力的人",谁发现问题?
  2. 厚今薄古的"题材决定论";
  3. 重观轻法,导致方法论极其贫乏;
  4. 轻视文本,大背义理,导致"望文生义"或"断章取义"。

- 学人的"断奶"与"成长":
  1. 告别教科书,
  2. 走向学科交叉。

- "通""化"二字,乃学问之最高境界。

- 缩头龟比出头鸟长命。

《读〈莺莺传〉》的眼界和思路

对小说情有独钟，可说是陈寅恪先生精神生活的一大特色。从幼到老，他对文言小说和白话小说，无论是雅的还是俗的，始终保持着不解之缘。《论再生缘》开篇第一句，就有这样的夫子自道："寅恪少喜读小说，虽至鄙陋者亦取寓目。"① 唐传奇成为他往后进行唐研究的组成部分，并不是偶然的。这方面的史学遗产，含有陈寅恪独特的眼界和思路，应当引起足够的重视。

一、从小说发现历史

唐人的小说，在传统文化中相当耀眼，既有历史价值，又有认识价值。鲁迅早就注意到："小说亦如诗，至唐代而一变，虽尚不离于搜奇记逸，然叙述宛转，文辞华艳，与六朝之粗陈梗概者，演进之迹甚明，而尤显

---

① 陈寅恪：《寒柳堂集》，上海古籍出版社1980年版，第1页。

者乃在是时则始有意为小说。"① 汪辟疆的《唐人小说在文学上之地位》一文，也特别强调其独绝之处："迄于李唐，始有意为小说之作，而其篇中之中心人物，乃有整个之记述。无论其事之怪诞离奇，每读一篇，其主要人物，印象甚深。此唐人小说之异于六朝者也。"② 浦江清对唐代的传奇文学何以超然独秀，则追根到当时文人的风习："它的兴起是因为唐代的举子们好游狭斜，体会出男女爱悦的情绪，以写宫体诗的本领来写小说，而同时这些举子们干谒名公巨卿借虚造的故事来练习史传笔墨，作为'行卷'文学的一种。唐人所最重视的文学是诗，唐代的文人无不能诗者，以诗人的冶游的风度来摹写史传的文章，于是产生了唐人传奇。"③ 从六朝志怪到唐人传奇的演变，小说所反映的世间风貌，具有浓厚得多的人文色彩。因此，在后人心目中，这种"摹写史传的文学"，往往被视为亦虚亦实的稗史，并引发出某些离奇的本事考证。由于史识的贫乏，难免只求细节，不识大体。其尤下者，则不知不觉地到传奇中去猎奇，陷入"痴人说梦"的迷途了。

严肃的历史研究，则是把小说当作社会生活的一面镜子。在这方面，不妨向西方取证。例如，巴尔扎克的《人间喜剧》，是对大革命后法国上流社会必然崩溃的一

---

① 鲁迅：《中国小说史略》，人民文学出版社1973年版，第54页。
② 汪辟疆：《唐人小说在文学上之地位》，见《汪辟疆文集》，上海古籍出版社1988年版，第604页。
③ 《浦江清文录》，人民文学出版社1989年版，第185页。

曲无尽的挽歌,"他用编年史的方式几乎逐年地把上升的资产阶级在1816年至1848年这一时期对贵族社会日甚一日的冲击描写出来,这一贵族社会在1815年以后又重整旗鼓,尽力重新恢复旧日法国生活方式的标准。他描写了这个在他看来是模范社会的最后残余怎样在庸俗的、满身铜臭的暴发户的逼攻之下逐渐灭亡,或者被这一暴发户所腐化;他描写了贵妇人(她们对丈夫的不忠只不过是维护自己的一种方式,这和她们在婚姻上听人摆布的方式是完全相适应的)怎样让位给为金钱或衣着而不忠于丈夫的资产阶级妇女。在这幅中心图画的四周,他汇集了法国社会的全部历史"。① 从贵族的婚变,察觉到社会的变迁,老故事的新意义便被解读出来了。

寅恪先生对唐代传奇的研究,表明他也是善于从小说发现历史的。元稹的《莺莺传》,当然不是8世纪中国的"人间喜剧",但其中对贵族社会婚姻生活的描写,却充分表现出新兴士族的婚恋观念和道德标准。正是着眼于传奇在历史认识上的价值,寅恪先生才会作出如此明确的结论:"此传亦是贞元朝之良史料,不仅为唐代小说之杰作已也。"② 这句画龙点睛的话,无异于提醒世人:不可把小说与历史的文化边界绝对化。

《读〈莺莺传〉》是寅恪先生40年代初期的著名论

---

① 恩格斯致玛·哈克奈斯的信,见《马克思恩格斯选集》第四卷,人民出版社1972年版,第462-463页。
② 陈寅恪:《元白诗笺证稿》,上海古籍出版社1978年版,第116页。

文，问世不久，就出现肯定性的回应。1950年孙望先生发表《莺莺传事迹考》，指出："陈先生的见地很高远，诚可谓发人之所未发。现在综合陈先生的意见，大约可以得到下列三要点：第一，《莺莺传》的内容和人物，是承袭《游仙窟》的。第二，莺莺不姓崔。第三，元稹之抛弃莺莺全是因为莺莺家门第卑下的原故。"（见《蜗叟杂稿》）堪称知人之言。以下所述，只是个人近年的一些学习心得。领悟未深，权充读书笔记，借以表达对一代宗师的感念和礼赞。

二、"会真"释义与训诂史学

元稹的《莺莺传》，因传中张生所赋及元稹所续的那首《会真诗》，又被称为《会真记》。此题不破，一切解读便无从谈起。寅恪先生对"会真"一词的释义，是逐层剥离的。首先，从道家著述中求得"真字即与仙字同义"，因而，"会真"即遇仙或游仙之意，便可想而知了。其次，自六朝至唐代，原为宗教术语的"会真"获得新的社会意义："六朝人以侈谈仙女杜兰香萼绿华之世缘，流传至于唐代，仙（女性）之一名，遂多用作妖艳妇人，或风流放诞之女道士之代称，亦竟有以之目倡伎者。"最后，《会真记》中所会之"真"，也就原形毕露了。在列举了唐代洪州进士施肩吾的《及第后夜访月仙子》《赠仙子》二诗及孙棨《北里志》和韩偓《香奁集》之后，接踵而来的是一个石破天惊的论断：

然则仙（女性）字在唐人美文学中之涵义及"会真"二字之界说，既已确定，于是莺莺传中之莺莺，究为当时社会中何人物，及微之所以敢作此文自叙之主旨，与夫后人所持解释之妄谬，皆可因以一一考实辨明矣。①

经寅恪先生考辨的"妄谬"，即宋人王性之《辨传奇莺莺事》中关于男女主人姓氏问题的妄证。这里无须详细转述，仅引如下一段，以见寅恪先生之卓识：

鄙意微之文中男女主人之姓氏，皆仍用前人著述之旧贯。此为会真之事，故袭取微之以前最流行之"会真"类小说，即张文成游仙窟中男女主人之旧称。如后来剧曲中王魁梅香，小说张千李万之比。此本古今文学中之常例也。②

关于"会真"的释义，可说是解读《莺莺传》的第一道难题。寅恪先生在这里所作的论证，用的是文化史式的训诂方法。早在30年代，他就倡导过这种释义的方法。《蓟丘之植植于汶篁之最简易解释》一文写道："夫解释古书，其谨严方法，在不改原有之字，仍用习见之义。故解释之愈简易者，亦愈近真谛。并须旁采史

---

① 陈寅恪：《元白诗笺证稿》，上海古籍出版社1978年版，第108页。
② 陈寅恪：《元白诗笺证稿》，上海古籍出版社1978年版，第109页。

实人情，以为参证。不可仅于文句之间，反复研求，遂谓已尽其涵义也。"① 1935 年，他读了沈兼士的《鬼字原始意义试探》之后，在给作者的复函中，提出一个更加明确的主张："依照今日训诂学之标准，凡解释一字即是作一部文化史。"②

训诂学与文化史的统一，是义宁之学的高标准之一。也许有人觉得，这未免立说过高，可望而不可即。其实，寅恪先生在自己的学术实践中，身体力行，已经多次进行过"训诂史学"的试验，并且取得辉煌的成果。他所谓"解释一字"，无非是解释中古文化史上的一个"关键词"。举其著者，计有七例：

（一）"种民"之义，见《崔浩与寇谦之》；

（二）"溪狗"之义，见《〈魏书·司马睿传〉"江东民族"条释证及推论》；

（三）"格义"之义，见《支愍度学说考》；

（四）"洛生咏"之义，见《从史实论切韵》；

（五）"杂种胡"之义，见《以杜诗证唐史所谓杂种胡之义》；

（六）"山东豪杰"之义，见《论隋末唐初所谓"山东豪杰"》；

（七）"朔方健儿"之义，见《书杜少陵哀王孙诗

---

① 陈寅恪：《金明馆丛稿二编》，上海古籍出版社 1980 年版，第 262 页。

② 沈兼士著，葛信益、启功整理：《沈兼士学术论文集》，中华书局 1986 年版，第 202 页。

后》。

很清楚,"训诂史学"并非不可思议的玄谈,只是因为它"须旁采史实人情,以为参证",事不易为,难免曲高和寡了。如果要从国内外学术界中寻觅这方面的"和"者,名列前茅的可能有两个人:周一良先生的《说宛》①,及已故美籍华裔学者杨联陞先生的《报——中国社会关系的一个基础》②。两文题材各异,但在方法论上却有暗合之处,即训诂学与文化史的融合。透过这些凤毛麟角,似乎可以听到寅恪先生"会真"释义的余音遗响,也许它还会在西方阐释学的本土化中发扬光大吧。

三、"始乱终弃"的社会根源

《莺莺传》中张、崔爱情生活的悲剧结局,是唐代士子浮浪习气的一个缩影。诀别之际,崔氏怨而不怒,在"恭貌怡声"中点出张生的要害:

> 始乱之,终弃之,固其宜矣。愚不敢恨。必也

---

① 周一良:《魏晋南北朝史论文集续编》,北京大学出版社1991年版,第294-299页。
② 原为英文,首次发表于1957年费正清主编《中国的思想与制度》,经段昌国译成中文,于1973年刊于《食货月刊》第3卷第8期,后又辑入刘梦溪主编《中国现代学术经典·洪业、杨联陞卷》,河北教育出版社1996年版,第861-881页。并可参看周一良:《毕竟是书生》,北京十月文艺出版社1998年版,第180-181页。

君乱之,君终之,君之惠也。则没身之誓,其有终矣。又何必深感于此行?

"始乱终弃"本来是一种缺德的行为,但张生为了自我辩解,竟然挖空心思地炮制出一个振振有辞的"忍情"说:

大凡天之所命尤物也,不妖其身,必妖于人。使崔氏子遇合富贵,乘宠娇,不为云,为雨,则为蛟,为螭,吾不知其变化矣。昔殷之辛,周之幽,据百万之国,其势甚厚。然而一女子败之。溃其众,屠其身,至今为天下僇笑。予之德不足以胜妖孽,是用忍情。

当初为之"行忘止,食忘饱"的丽人,现在已经"一梦何足云",变成避之惟恐不远的"妖孽"了。对这样的伪君子,鲁迅是早就谴责过的:"元稹以张生自寓,述其亲历之境,虽文章尚非上乘,而时有情致,固亦可观,惟篇末文过饰非,遂堕恶趣。"①

如果进一步追问:敢于文过饰非的"恶趣"究从何来?人性与社会有何冲突?那么,我们就走近从小说发现历史的门槛了。正是在这幅始乱终弃的"会真"图画四周,寅恪先生汇集了南北朝以来至唐代中叶士大夫社

---

① 鲁迅:《中国小说史略》,人民文学出版社1973年版,第65页。

会风习的变动史。他敏锐地看到,凭借这个历史舞台,元稹才有可能在"张生"的面具下演出那幕情变的丑剧:

> 唐代社会承南北朝之旧俗,通以二事评量人品之高下。此二事,一曰婚,二曰宦。凡婚而不娶名家女,与仕而不由清望官,俱为社会所不齿。此类例证甚众,且为治史者习知,故兹不具论。但明乎此,则微之所以作莺莺传,直叙其自身始乱终弃之事迹,绝不为之少惭,或略讳者,即职是故也。其友人杨巨源李绅白居易亦知之,而不以为非者,舍弃寒女,而别婚高门,当日社会所公认之正当行为也。否则微之为极热中巧宦之人,值其初具羽毛,欲以直声升朝之际,岂肯作此贻人口实之文,广为流播,以自阻其进取之路哉?①

读了这段精辟的分析,令人茅塞顿开。原来"张生"的个性面貌,反映了他所从属的社会群体的类型化特征。在唐代新兴士族的圈子内,自有其伦理逻辑:始乱终弃的缺德行为,被看作改邪归正的高尚情操。浪子既然回头,社会的同情,便完全向负心人倾斜:"时人多许张为善补过者。"寅恪先生有感于这种从特定世态中产生出来的特殊心态,用自己的语言说明存在决定意

---

① 陈寅恪:《元白诗笺证稿》,上海古籍出版社1978年版。

识的威力:"数百年社会之压迫气流尤为可畏者也。"①于是乎,"待月西厢下"的美梦,在社会气压下失去感情平衡,不能不以破灭告终。崔莺莺成了门第婚的牺牲品,历史的恶作剧便落幕了。

揭示"始乱终弃"的社会根源,为的是弄清历史真相,并不意味着元稹及其影子"张生"的所作所为,有任何足以解脱的理由。请看寅恪先生在评论元稹的艳诗及悼亡诗时,如何对这位"善改过者"进行道德批判:

> 微之所以弃双文(莺莺)而娶成之(韦丛),及乐天公垂诸人之所以不以其事为非,正当时社会舆论道德之所容许,已于拙著读莺莺传评论之。兹所欲言者,则微之当日贞元元和间(785—820)社会,其进士词科之人,犹不敢如后来咸通广明(860—881)之放荡无忌,尽决藩篱。此所以"不向花回顾"及"未曾花里宿"者也。但微之因当时社会一部分尚沿袭北朝以来重门第婚姻之旧风,故亦利用之,而乐于去旧就新,名实兼得。然则微之乘此社会不同之道德标准及习俗并存杂用之时,自私自利。综其一生行迹,巧宦固不待言,而巧婚尤为可恶也。岂其多情哉?实多诈而已矣。②

---

① 陈寅恪:《唐代政治史述论稿》,上海古籍出版社1982年版,第93页。
② 陈寅恪:《元白诗笺证稿》,上海古籍出版社1978年版,第95页。

从小说发现历史,揭穿元氏一生行迹的两重欺诈性,即"巧宦"和"巧婚",本来已经题无剩义了。但寅恪先生并未到此止步,按照自定的"在史中求史识"的最高标准,他极其郑重地写下了一段知人论世的名言:

> 综观史乘,凡士大夫阶级之转移升降,往往与道德标准及社会风习之变迁有关。当其新旧蜕嬗之间际,常呈一纷纭综错之情态,即新道德标准与旧道德标准,新社会风习与旧社会风习并存杂用。各是其是,而互非其非也。斯诚亦事实之无可如何者。虽然,值此道德标准社会风习纷乱变易之时,此转移升降之士大夫阶级之人,有贤不肖拙巧之分别,而其贤者拙者,常感受苦痛,终于消灭而后已。其不肖者巧者,则多享受欢乐,往往富贵荣显,身泰名遂。其故何也?由于善利用或不善利用此两种以上不同之标准及习俗,以应付此环境而已。譬如市肆之中,新旧不同之度量衡并存杂用,则其巧诈不肖之徒,以长大重之度量衡购入,而以短小轻之度量衡售出。其贤而拙者之所为适与之相反。于是两者之得失成败,即决定于是矣。[1]

寅恪先生所说"新旧蜕嬗之间际",相当于现代语

---

[1] 陈寅恪:《元白诗笺证稿》,上海古籍出版社1978年版,第82页。

言的"过渡时期",这是尤其发人深思的。历史尽管不会重复,却可以在不同程度上重演。但愿神州大地"贤者拙者"多多的,"不肖者巧者"少少的。那么,"市肆之中"的歪风邪气,就有净化之日了。

四、莺莺氏族之推测

正像《游仙窟》中的崔十娘被描绘为"博陵王之苗裔,清河公之旧族"一样,[①] 崔莺莺也在小说里披着荣华的伪装:"崔氏之家,财产甚厚,多奴仆。"其实,这位被贵族化的"仙子",应属社会地位低下的寒门弱女,虽小姐而非"千金",与唐代名妓霍小玉同类。寅恪先生为莺莺定性和定位之后,进而探讨她的氏族问题,力求透过历史的迷雾去揭示蒲州丽人的西胡血统。由于历史资料的残缺,有关唐代"酒家胡"的悬案,至今尚未完满解决。但他在推测中表现出来的思路,仍然非常卓越,是足以启示来者的。

在唐代社会生活中,"酒家胡"或"胡姬"是屡见于诗文的一种职业女性。[②] 但无人能够指,究竟谁是这样的酒家女郎。只有寅恪先生才发现两个可疑的对象:一为琵琶女,一为崔莺莺。前者已在《琵琶引》的

---

① 汪辟疆校录:《唐人小说》,上海古籍出版社1978年版,第23—24页。
② 详见向达《唐代长安与西域文明》,三联书店1957年版,第38—39页。

笺证中作过论述①；后者则直至寅恪先生晚年校补《读〈莺莺传〉》时，才正式提出："就莺莺所居之地域及姓名并善音乐等条件观之，似有辛延年诗所谓'酒家胡'之嫌疑也。"②

莺莺氏族之疑问，直接涉及唐代西胡血统如何鉴别的问题。在这方面，寅恪先生的论著已提示一套比前人更加精密化的辨认标准，可以作为分析的工具。据此而到史书、笔记、诗文和墓志中去求证，虽谈不上按图索骥，起码也不至于茫然无措了。

综合寅恪先生的有关论述，唐代西胡血统的辨认标准，似应包括下列五项：

（一）胡貌——深目、高鼻、多须，构成胡人的外部特征，也是胡汉之别的自然标准；

（二）胡姓——"以国为姓"是胡姓汉译的通例，"昭武九姓"就是一组典型的西胡姓氏；

（三）胡名——音译胡名，与汉名大异其趣。中国史乘中的胡名音义，至今仍亟待研讨；

（四）胡俗——这是汉胡之别的文化标准。"胡旋女"能歌善舞，"酒家胡"营酒为生，"商胡"行贾，"火胡"拜火，都是胡俗的具体表现；

（五）胡气——即"腋气"。此点为寅恪先生之创

---

① 陈寅恪：《元白诗笺证稿》，上海古籍出版社1978年版，第57页。
② 陈寅恪：《元白诗笺证稿》，上海古籍出版社1978年版，第366－368页。

获,"世之考论我国中古时代西胡人种者,止以高鼻深目多须为特征,未曾一及腋气",因此,他才撰写了《狐臭与胡臭》的专论。①

从表面看,这五项标准与崔莺莺其人其事似乎完全对不上号,生搬硬套则于事无补。那么,寅恪先生把她的原型设想为"酒家胡",又有什么理据呢?看来,他依然是参照胡姓、胡名和胡俗三项标准立说,只不过费了一番旁搜侧刮的工夫。其一,莺莺即所谓"双文",原型之名当用复字。又莺声的谐音"九九",曾被唐代女子取以为名。元稹本人写过一首《曹十九舞绿钿》的诗,倘"十"为"九"之讹,则"此女姓曹名九九,殆亦出于中亚种族"。其二,莺莺所居之蒲州,出产名酒"河东之乾和葡萄",证以我国产名酒之地多是中亚族聚居区域,她就更有"酒家胡"的嫌疑了。其三,莺莺能奏乐,善操琴,"鼓霓裳羽衣序"而哀音怨乱,也隐约可见胡姬的艺术特色。

寅恪先生对莺莺氏族之推测,由疑求证,证后存疑,完全是实事求是的学者风度。在察觉到崔莺莺与曹九九之间的某种同一性之后,又补充居住地和善音乐两个条件,这才构拟成"酒家胡"的假说。持论之慎,可谓至矣。从40年代提出问题到60年代再探悬案,寅恪先生像观堂先生一样,"知识增时只益疑"。对自己多年

---

① 陈寅恪:《狐臭与胡臭》,见《寒柳堂集》,上海古籍出版社1980年版,第140-142页。

"神游冥想"的心得,他没有强加于人,说的仍然是低调的话:"兹姑妄言之,读者傥亦姑妄听之耶?"论证已经进一步了,态度反而退两步了,这就是陈氏的大师风范。作为一名后辈"读者",对寅恪先生的高度谨严和高度谦逊,我是赞佩无已的。

五、结语

寅恪先生对唐人小说的研究,并不限于元稹的《莺莺传》。他还写过《读东城老父传》和《顺宗实录与续玄怪录》等论文,对胡化风尚乃至宫闱秘事,都在不同程度上有发覆之功。但按其历史眼界及论证技巧所达到的高度,则仍应以《读〈莺莺传〉》为代表作。他的博学和精思,使此文成了从小说发现历史的样板。

如果说,"会真"释义把训诂学与文化史结合起来,是考证的理论化;那么,追寻"始乱终弃"的社会根源,从士族升降说明道德标准的杂存并用,进而暴露"巧婚"的本质,则是理论的实证化了。这种来自辩证思维的学术风格,其魅力当然是单纯的小说本事考证所无法比拟的。

寅恪先生的历史认识,包含一个巨大的想象空间。人们往往被他的博学所震惊,其实,他的精思才真正是出类拔萃的。"神游冥想"四字,尽管看不出有任何可操作性,却是寅恪先生治学要诀中不可或缺的一环。如果在方法论上没有重大意义,怎么会把它写进著名的

《审查报告》[①]？他对中古胡汉社会力量所作的集团化分析，以及从风花雪月中揭示人性与伦理的冲突，无一不是精思的产物。从《读〈莺莺传〉》的全文来看，剥掉数层方下笔的深邃思考，几乎随处可见。"今人不见古时月，今月曾经照古人。"（李白句）古今相通的历史视域，是只有深思才能洞见的。唐史的能见度，因陈寅恪的通识而提高。凭借一双深达幽微的慧眼，他透过蒲州普救寺的风流韵事，展示了一部唐代中期的士习民风史，堪称嘉惠后学的博识宏文。

---

① 陈寅恪：《金明馆丛稿二编》，上海古籍出版社1980年版，第247页。

从"头"学起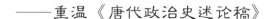

——重温《唐代政治史述论稿》

在陈寅恪先生的著作中,传诵最广的书,可能是《唐代政治史述论稿》。他的通识、精思和发覆之功,都在其中和盘托出了。好书不厌百回读,重温一遍,又会取得意想不到的新知。

先就这个题目作一些说明。为什么要"重温"?重温是出于什么原因?可以说,有三个原因:第一,本书是陈先生的代表作,是一部名著。名著就不只要读,而且要经常复习。第二,这本书完稿于1941年,正式出版是在1943年。2003年,正是这本书出版60周年。第三,陈先生本人把这本书看得比他的生命还重要。书稿于1941年完成,当时陈先生已经从北京南下到香港,住在九龙英皇太子道369号,生活很动荡,简直可以说生命不保,但这本书一定要保。手稿抄好后,交给上海的浙江兴业银行王兼士先生收存。他对这本书看得非常

---

* 本文据讲演录音整理而成。

重要。现在我手上的这一本,就是当年拿到银行保存的稿本,1988年由上海古籍出版社影印。陈先生的三女儿陈美延老师,在最新出版的《陈寅恪集》的后记里,第一句话就这样说:"我们从小就知道家里最宝贵的东西是父亲的文稿。"抗日战争也好,"文化大革命"也好,她们在家里用最好的一个箱,保存陈先生的文稿,家人称这个箱为文稿箱。一有事情发生,首先抓着文稿箱就走。借用现在的惯用语,堪称陈家的"重中之重"了。难道还不值得"重温"吗?

题目是"从'头'学起"。究竟一本书什么东西算"头"?有一句俗话:"看书先看皮。"叫人看书的时候先看它的面貌,但这样容易造成误解,好像就是看书时先去注意它的包装、印刷、厚薄、定价等,这些都属于"皮"。我们现在提倡的是,看书先看"头"。这个"头",我个人的理解,大概有四项:书名、序言、目录和开头第一句。所谓从头学起,就是从这四项学起。这里要讲的,基本不涉及书本身,不介绍这本书的内容,而是讲这本书的选题命意、思路,以及陈先生整个论述的突破口。我认为后人读书时,应从这些方面来认识。

其一,讲书名。书名叫《唐代政治史述论稿》。但原稿不是这样,叫《唐代政治史略稿》。稿本称"略稿",而定本公开出版时改为"述论稿"。书名如此变动,就值得我们去琢磨,为什么要这样改?照我个人的想法,假如叫"略稿",就只有一个详略的问题,是详细还是概略,属于量的问题。改成"述论稿",就更有学术内涵，也就是说，陈先生讲唐代政治史是有述有论的，述中有论，论和述不可分。这个问题极其重要。新中国成立50年来，历史学界始终就存在这个问题：论和史的问题，大家常听到。曾要求以论带史，后来是名"带"实"代"，变成以理论来代替历史。反正"史和论"的关系没有处理好。不只是中国，现在国际历史学界，也认为这两者的关系是传统的二元对立。假如早就结合在一块就没事；不是结合在一块，而是如何去处理两者的关系，历来没有解决。具体来讲，传统的二元对立，有一个对立关系就是延续和变革。讲延续就顾不了变革，讲变革就顾不了延续。第二个对立就是外因与内因。第三个对立是结构与事件。就是顾到历史分析，又不可能顾到结构分析；反过来一样，搞结构分析时，顾不了时代变迁。本来人的认识有两个基本范畴，一个是时间，一个是空间。单独来认识时间和空间很容易，正如两个眼睛，一个眼睛看时间，一个眼睛看空间，分工明确。假如要把时间和空间结合起来，就要睁开第三只眼睛，要不就做不好。如何解决传统的二元对立，西方历史理论界有人提出采用交叉的办法，通俗称作"编辫子"，两股扭起来，像广州人吃的麻花。陈先生早就注意到这个关系，他讲他要按照笛卡儿的坐标来处理这个问题，实际上也是交叉。看他在述论中如何处理这个二元对立。他对关陇集团有过分析，讲河北胡化问题时，论中也有述。陈先生分析当时为什么河北胡人那么多，讲到三个原因：一个是隋末的动乱，一个是东突厥的兴起,最后是东突厥的败亡。把"略"改成"述论",其学术内涵就是要体现历史与逻辑的统一。

其二,序的问题。陈先生在序里讲得很谦虚,说他写书是为初学《资治通鉴》的人提供参考,"区区之意,仅欲令初学之读《通鉴》者得此参考,或可有所启发"。也就是给学习《资治通鉴》者提供一个辅导材料。从他的序里,可以看到他把《资治通鉴》摆在一个什么位置。他认为《资治通鉴》是中国史书的空前杰作。不止他自己这样理解,他教学生也这样。1936年,他在清华讲隋唐史,开列的基本参考书分三类,甲类的第一本就是《资治通鉴》,要学生读《资治通鉴》的隋唐纪,他认为这是学习隋唐史的最基本参考材料。《隋书》和《唐书》《新唐书》属于乙类。《全唐文》等属第三类。他的主张和他的教学完全一致,把《资治通鉴》摆到一个非常重要的位置。重视《资治通鉴》,就是重视宋代史学、重视宋代文化。他认为宋代文化是中国传统文化发展的高峰。他多次提到这个问题。他非常重视宋贤治史之法。宋代人究竟怎样研究历史,他认为非常值得后人去学习领会。所谓宋贤,是以司马光为代表的,陈先生非常推崇其治史之法。这种方法主要就是"通识",能够综合贯通,成一有系统的论述。有人觉得很奇怪,陈先生没有写过有关宋史的论著,但他对中国历代的评价,却以宋为最高。传统看法认为宋代理学盛行以后,思想束缚很厉害。但陈先生的看法不一样,他认为在中国历史上,有两个朝代思想最自由,即宋代和六朝,所以那个时候文化学术就出现新的局面。但六朝也好，宋代也好，国势都很弱。六朝偏安江南；宋代国势弱小，从历史地图上看只有一小块。唐代像一个包子，宋代就像里面的馅。国势弱而文化盛，这里面包含什么道理呢？马克思也讲过文化艺术和政治经济发展的不平衡性。他以他的祖国德国为例。就19世纪的欧洲来说，德国算是落后的，分裂、经济不发达，除了采矿业不错外，其他比起英国、法国来差很多。但是马克思仍然很骄傲地说，德国在19世纪的欧洲，虽然处于落后的地位，但在文化艺术上仍然充当了"第一提琴手"。

其三是目录。目录一共分成上、中、下三编。上编是统治阶级之氏族及其升降，中编是政治革命及党派分野，下编是外族盛衰之连环性及外患与内政之关系。从三编的目录看，陈先生研究唐史着眼于"动"。看历史时，是从动态去看。三个标题里面均包含动的含义，"升降""分野"和"连环"等，就是从动态中研究历史。从目录就可以看出，陈先生是通过三个方面，去对唐代历史流程作动态的分析。从动处观察事物，是他对待事物的基本态度。前人不止一次提到过，如宋代学者罗大经的著作《鹤林玉露》就提出"活处观理"的口号。活处就是动处，观察事物的道理要从活处去看。他的观点来源于孟子的见解，孟子提出"观水有术，必观其澜"。看水要看波澜，不是看死水；而要看活水，看动的水，看有波澜的水。这样的观点，作为学理，中外是相通的。不止中国人这样讲，外国人也有这种认识。

法国著名雕塑家罗丹晚年留下遗嘱，告诉他的学生学雕塑不要从平面去思考，而要从起伏去思考；要看到曲线，不要看到一条直线。陈先生研究唐代政治史所立三目，都是着眼于"动"，大有深意在，切莫从眼皮下滑过去。

其四，书开头的第一句引用了朱子的话，出在《朱子语类》116卷，是朱子评论历代人物事件时说的话："唐源流出于夷狄，故闺门失礼之事不以为异。"陈先生认为朱子这句话包含两个意思，一个是种族，一个是文化。从朱子这一句话引发的是种族和文化的问题，他认为，这是研究唐代历史关键之所在。开头就抓到了关键。"唐源流出于夷狄"，是什么意思？陈先生在书的第75页有一个解释。他认为唐王室本出自宇文泰创建的关陇胡汉集团，夷狄指的就是这个。"闺门失礼"，就是男女关系不合礼法；但李唐王室对此不觉得奇怪，自己没有看得那么重。这里我们可以举出两个事例：一个是武后，一个是杨妃。武后跨两代，是唐太宗的才人，后来成为唐高宗的昭仪，这些都是宫廷里的女官。武则天14岁进宫，被安排在后宫侍奉唐太宗。唐太宗年纪比她大得多。唐太宗死后，她做尼姑。后被高宗发现，找回来封为昭仪，实际上就是做了他的小老婆。后来唐高宗为了自圆其说，下了一道诏令称武则天是自己做太子时父亲赐给他的。陈先生说他是欲盖弥彰。杨妃照白居易的《长恨歌》所说："杨家有女初长成，养在深闺人未识。"养在深闺没有人知道，后来由高力士发现报告给玄宗。实际上不是这样，她当时已经是寿王的妃子，是唐玄宗的儿媳妇，所以杨妃也是跨代的。但那时并不觉得奇怪，那是出于夷狄之俗。陈先生把种族和文化的关系看成是唐代历史文化里最关键之所在，分析问题时要从种族和文化的关系入手。他的这一理论在1958年被批判为"种族文化史观"。但实际上，陈先生在讲种族文化的时候，并非没有中间环节。他的中间环节，便是社会集团，这在书中多次讲到。社会集团的形成，有地域的利益，也有家世的利益，什么关陇集团、河北集团、山东豪杰、婚姻集团等，这种社会集团体现了种族文化的关系。这种社会集团，从理论上讲究竟是什么东西呢？可以肯定，集团分析不是阶级分析，集团分析是结构分析，对当时的社会结构作一个分析。

从事历史研究，需要"发覆"。此书三处提到"发覆"。"覆"就是掩盖，被历史所掩盖的东西。我们到历史的深处，把被掩盖的东西挖掘出来，就是"发覆"。史学的发覆，也可以看作是发覆的史学。在史学里面发覆发到已经体系化，本身就变成发覆的史学。有人说，陈先生的史学可以叫"问题史学"，虽然通俗，但未免过于生硬。不如到陈先生的文章里面找一个名词好，这个名词就是"发覆"。陈先生的史学，从创造性来讲是发覆史学，这种发覆至关重要。书中有两处讲李唐王室的男系根子是出在胡族，女系早就知道，哪个皇后是胡族很清楚，就不用讲了。男系姓李，祖宗叫李虎。唐朝人不准叫虎，叫虎就得改一个字，有的改成兽字；还有把虎叫做"十八姨"的。经过大量的资料分析,李唐男系也是来自胡。

"发覆"的另一事例,就是宫廷政变时玄武门的重要性。唐朝有四次大的宫廷政变,要看是不是你的心腹在那里值班,假如是这样,那就可以把政敌杀了。玄武门的位置与宫廷的建筑有密切的关系。门不是随便盖的,是很讲究的,"门第"之名,由此而起。宫廷里的门,更是有制度的,玄武门谁把守很重要。如果哪位太子想发动政变,自己就要安排好,安排心腹在那里值班;假如临时换班,就会措手不及,人头落地。这些前人并没有讲过,过去人家不明究竟,是陈先生揭开的。陈先生早年的学生季羡林教授讲过,陈先生不用僻书,而能发现人家视而不见的问题,也就是"发古人未发之覆"。不是靠偏僻的材料,不是靠独家新闻,而是人人可以看到的。他讲过,他用的材料不止借得到,而且可以买到,《唐书》《新唐书》《资治通鉴》等都可以买到,并不是他有什么秘本、孤本。最近,德国有一位学者叫施耐德(海德堡大学教授)(这个人读书十分细),他对陈先生书中使用的正史作了统计。据他说,经量化计算,《唐代政治史述论稿》中正史的引用略超七成,其余碑刻、诗文等占三成弱,可说二者是三七开。靠七成正史的引用来发覆,怎么发?这就给我们提出问题了。发覆的本领全在脑袋,而不是靠口袋里边装什么秘本。陈先生发覆的本事,在于他的历史思维。他有非常精密的、非常深刻的历史思维。很多人讲过追陈先生不上，其中固然有知识的问题，但更重要的是思维，你想不到他所想到的问题。我们读这本书要落实到这里，把着眼点放在"思"，学他怎么想。他留给我们的，只有他的遗著，我们要读他的书，领会他怎么想。边读书，边跟他的思路。这样才有可能走近陈寅恪。

这本书 10 万字。10 万字是很薄的一本，现在评职称要 20 万字才算书。最近的新版把这本书跟《隋唐制度渊源略论稿》合成一册，作一本来发行。钱锺书先生早就批评过当代学术界的一种不良倾向，即陶醉于数量，重视废话一吨，轻视微言一克。重要的话才一克，他不理你，他宁愿去重视废话一吨。发覆不能发一吨，发覆只能一克一克来积累。读陈先生这本书，也让我们知道学术著作的高标准是怎么回事，不可跟另外的东西同日而语。从数量上讲，陈先生要两本才抵得上人家一本；但从质量上，他一本要抵人家多少本。前人讲得很明确，精神生产这种东西，不是说十个拳头摆在一块就会比人家一个拳头强。一个拳头很有力，比七八个没有力的拳头搞在一块还厉害。有位高僧说过："他人搬弄一车兵器，老僧寸铁杀人。"一块刀片就可以割脉，不是寸铁杀人吗？我们现在一定要重视钱锺书先生所批评的那种倾向，不要陶醉于数量，应该坚持高标准。要不就发不了覆，只能刨掉一点草皮。

唐代诗文证史札记

——纪念陈寅恪先生诞生130周年

引　言

昔岁有幸考入中山大学历史学专业，曾在金明馆听陈寅恪先生讲史论诗达一年之久（1955年夏至1956年夏），课程名称"元白诗证史"，每周两小时。为便于听课的人预习和复习，寅恪先生指定以《元白诗笺证稿》为课本，以《唐代政治史述论稿》为参考书，另油印9篇论文为参考资料，包括《支愍度学说考》《武瞾与佛学》和《以杜诗证唐史所谓杂种胡之义》等，以备按教学进度自行选读之用。这样，便组成一个完整的教材体系。全学年既免考勤，也免考试，更无检查笔记和收缴作业之类的负担，充分体现了"读书为己"的古训。可惜年才弱冠的学子，未能心领神会。不过，既受教泽浸润，也就难免潜移默化了。1957年之后，尽管长期经历风风雨雨，人浮于事，但个体式的"星货铺"时闭时开,并未歇业,一批"不贤识小"的学徒手艺,也随后断断续续破门而出了。例如,探讨"突厥法""商队茶""拂云祠""阿滥堆",以及"叵罗""叱拨"和"鬼市""舶牙",等等,虽然先后发表,其实于心未安。学园何曾无荆棘,但愿进窄门而不碰壁,走小路而不绕弯,那就"善哉善哉"了。

2020年7月3日,是陈寅恪先生诞生130周年纪念日。所憾无物可献,只有"秀才人情纸一张"而已。清明节前后夜以继日,草成此文,借以表达白头弟子感师恩、颂师德之微意。

拙文由札记五则组成,述学而兼质疑,只有集腋之劳,并无成裘之功。思路是以华夏与西域和南海的关系作为宏观背景,探寻唐代诗文中遗存的蛛丝马迹。虽搜索枯肠于静室,但限于学力,只能算是"不贤识小"的续篇而已,敬请读者教之。

一、以唐史释杜诗所谓"海胡"之义

中国古籍上的"胡"字,是一个常见的历史符号。自汉至唐,其含义经历过从实指到泛指的演变。陈寅恪先生的解说是这样的:"胡本匈奴(Huna)专名,去

'na'着'Hu',故音译曰胡,后始以之通称外族。"①

作为外族通称,早期曾经梵(印度)与胡混同,到隋代才将梵、胡分开,各有族类。

唐代诗人杜甫,在其作品中使用过三个涉"胡"的概念,即羯胡、杂种胡和海胡。经陈寅恪先生对杜诗"羯胡事至终无赖"(见《咏怀古迹》)及"胡尘踰太行,杂种抵京室"(见《留花门》)之句的考释,已知此两名均为"九姓胡"的别称。至于第三个概念"海胡"之义②,则尚待研讨界定,下面试作粗浅的解释。

唐代宗大历年间(766—779),杜甫在五言古诗《送重表侄王砅评事使南海》中写道:

番禺亲贤领,筹运神功操。
大夫出卢宋,宝贝休脂膏。
洞主降接武,海胡舶千艘。

据钱谦益《钱注杜诗》卷8云:

大历四年(769),李勉除广州刺史,兼岭南节

---

① 陈寅恪:《五胡问题及其他》,见蒋天枢《陈寅恪先生编年事辑》,上海古籍出版社1997年版,第211页。并参吕思勉《胡考》,见《读史札记》,上海古籍出版社1982年版,第1177–1194页。
② 陈寅恪:《唐代政治史述论稿》,生活·读书·新知三联出版社2009年版,第213–215页;陈寅恪:《金明馆丛稿二编》,生活·读书·新知三联出版社,2005年版,第57–59页。

度观察使。番禺贼帅冯崇道、桂州叛将朱济时阻洞为乱,遣将招讨,悉斩之,五岭平。前后西域舶泛海至者,岁才四五。勉性廉洁,舶来都不检阅,故末年至者四十余。代归至石门停舟,悉搜家人所贮南货犀象诸物,投之江中。耆老以为可继前朝宋璟、卢奂、李朝隐之徒,人吏诣阙请立碑,代宗许之。①

可知杜诗将"海胡"与"洞主"(溪洞豪族)对举,是提示了8世纪中期岭南的海外交通和本土政情。又可知"海"并非"西海"(地中海)而是"南海"(印度洋)。在此之前,天宝九载(750),唐代高僧鉴真和尚路经广州,已亲眼见到:

> 江中有婆罗门、波斯、昆仑等舶,不知其数。并载香药、珠宝,积载如山。其舶深六七丈。师子国、大石(食)国、骨唐国、白蛮、赤蛮等,往来居住,种类极多。②

其中来自波斯湾的波斯和大食商人,是"海胡"的主体,举足轻重,竟能在乾元元年(758)十月的市舶

---

① (唐)杜甫著,(清)钱谦益笺注:《钱注杜诗》上册,上海古籍出版社2018年版,第252页。
② [日]真人元开著,汪向荣校注:《唐大和上东征传》,中华书局2000年版,第74页。

贸易纠纷中动武:"(波斯)从大食袭广州,焚仓库庐舍,浮海走。"①

正是基于上引8世纪五六十年代的史事,杜甫才有可能将"海"与"胡"连缀成词,首创"海胡"之名来概括海路入华的胡商,以与陆路入华的"商胡"(兴胡)相区别。这个新词的出现,反映了盛唐时代海洋意识的觉醒。

杜甫号称"诗史"。他不采用"海夷"的习称(如"广州通海夷道"),却别出心裁构建了"海胡"一名,蓄意标新立异,诚如浦起龙所言:

> 史不言河北多事,子美日日忧之;史不言朝廷轻儒,诗中每每见之。可见史家只载得一时事迹,诗家直显出一时气运。诗之妙,正在史笔不到处。②

杜诗"在史笔不到处"提出"海胡"概念,使"海上丝路"的主角更具体化和更精神化,从而显示了"南海商船来大食"(王国维句)的一时气运,真"妙"!

---

① 《波斯传》,见《新唐书》卷221下,中华书局1975年版。
② (清)浦起龙:《读杜心解》第1册中的"读杜提纲",中华书局1978年版,第63页。

二、为元稹"南方呼波斯为舶主"说进一解

大唐创业之日,正是萨珊波斯没落之时。萨珊王朝亡于651年,即唐高宗永徽元年,从此之后,入唐的波斯人已属阿拉伯哈里发国家的臣民了。然而,积习难返,直至晚唐的文献,司空见惯的还是"波斯"旧名。这种情形,正如北宋来华贸易的波斯湾商人,因候风返航暂住广州,仍称为"住唐"一样①。

在唐代文献中,"波斯舶主"之称,首见于高僧义净的《大唐西域求法高僧传》卷下:

> 于时咸亨二年(671),坐夏扬府。初秋,忽遇龚州使君冯孝诠,随至广府,与波斯舶主期会南行。②

"波斯舶主"即"波斯船长",在汉语中一目了然,并无剩义,值得研讨的是,诗人元稹《和乐天送客游岭南二十韵》中的诗句及自注:

> 舶主腰藏宝(自注:南方呼波斯为舶主。胡人

---

① (宋)朱彧:《萍洲可谈》卷2,上海古籍出版社1989年版,第26页。
② 王邦维校注:《大唐西域求法高僧传校注》,中华书局2000年版,第152页。

异宝,多自怀藏,以避强丐)。①

"腰藏宝"的舶俗,容易理解,"其动机既为防盗,也为逃税,难怪那样小心翼翼了"②。至于为何"南方呼波斯为舶主",则尚须探其究竟。

"舶主"之称,即中古波斯语的 Nākhudā。此词由两节构成,即 khodā(主人)加 nav 或 navah(船)。它被大食海商袭用,影响深远③。根据近代法国东方学家费琅20世纪初所作的这一分析,当代学者又对该词在阿拉伯语、印地语、马来语和葡、英、汉语中的流变,作了进一步的解释:

> 波斯语中"船长"或"舶主"一词的称呼是"Nākhudā",阿拉伯人在亚洲海域崭露头角后借用了这个称呼,将其发音拼写改为"Nawākhuda"。根据 Henry Yule 1886 年在《英印俗语辞典》(*Hobson-Jobson*)内的解释,Nā-khudā 一词在波斯语中最初的意思殆指"拥有货物的舶主",后来才渐渐地转为指"船长"。随着世界各国航海民族在古代印度洋与东南亚海域航海贸易活动范围的扩大与彼此交流的增多,这个词渐渐地为各航海民族所接受,惟

---

① 《全唐诗》,上海古籍出版社1986年版,第1006页。
② 蔡鸿生:《广州海事录》,商务印书馆2018年版,第57页。
③ 参见费琅编《阿拉伯波斯突厥人东方文献辑注》上册,耿升、穆根来译,中华书局1989年版,第14–15页。

拼音方式各有差异。例如，在印度次大陆的拼写为Nacoda或Nacoder，在马来半岛和印度尼西亚群岛的拼写方式为Ankhada、Anak‐kuda，16至17世纪来到亚洲的葡萄牙和英国人又将其拼写为Necodas、Nohuda、Nohody、Nocheda、Nokayday、Nahoda、Bachodas等，不一而足。降至元末明初，随着中国闽粤海商在东南亚港埠的市易、寓居，与当地马来商人及浮海东来的南印度海商的生意往来不绝，闽粤海商又将这个亚洲海上贸易圈内的惯用称呼带回中国沿海家乡，以至于明朝初年之后的明清史籍中也渐渐地开始出现了这一波斯语名称的各种中文名称的译名，例如：那弗答、刺达握、南和达、哪嗒，甚至将其与当时从事航海活动的各类民间海商或海盗连在一起，组合成新的名称，如海贼喇哒、海商喇哒、通番那达、那哈番贼等。①

这里不惜大段引述，无非是因为"人体解剖对于猿体解剖是一把钥匙"（马克思语），以后证前，唐代元稹的"南方呼波斯为舶主"之说才得以明朗化。在历史过程中，洋舶事务有助于理解市舶事务，看似出人意料之外，实则理在其中。

说到这里，似乎可以看出发生于"南方"的前事与

---

① 钱江：《古代波斯湾的航海活动与贸易港埠》，载《海交史研究》2010年第2期，第20–21页。

后事，存在着可比性：市舶时代的广府"呼波斯为舶主"，正像洋舶时代的广州"呼洋商为大班"一样，均为具有"含金量"的美辞，是通商口岸社会心理的独特表现。至于"波斯舶主"身后的遗产处置，唐代律令特立"死波斯"的专门条款，另眼相待，就不必复述了。①

三、唐代"扬州帽"为波斯舶来品之推测

唐宪宗元和年间（806—820），诗人李廓写了五言组诗《长安少年行》十首，第一首有句云：

> 划戴扬州帽，重熏异国香。

"扬州帽"又称"扬州毡帽"和"扬州毡帽子"，均见《太平广记》。该书卷153"裴度"条云：

> 是时（元和）京师始重扬州毡帽。前一日，广陵师（帅）献公新样者一枚，公玩而服之。将朝，灯下既栉，乃取盖张焉，导马出坊之东门。贼奄至，喝杀甚厉。贼遂挥刀中帽，坠马……赖帽子顶厚，经刀处，微伤如线数寸，旬余如平常。

---

① 另详见蔡鸿生《广州海事录》，商务印书馆2018年版，第60 - 61页。

据旧《唐书》卷170，裴度遇刺脱险事在元和十年六月。又《太平广记》卷157"李敏求"条引《逸史》记地狱冥官柳澥之语：

> 谓敏求曰："此间甚难得扬州毡帽子，他日请致一枚。"

语文学家王锳先生据此确定所谓"扬州帽"的形制：毡质、顶厚、有盖（帽沿）可张。虽明释词义而仍被列入"存疑录"，谨严可佩①。

经济史家全汉昇先生，在《唐宋时代扬州经济景况的繁荣与衰落》一文中，则径直标举扬州有"制帽业"，并进一步解说："在扬州制造的毡帽，大约因为品质及式样的精美，销路甚广，当日首都人士多喜戴此帽。"②可惜，忽略了原料、制作和运销的关系，令人不解，此帽究竟是扬州"造"还是扬州"售"？也许其中存在着土特产与舶来品的本质区别，也未可知。

按个人所见，唐代的"扬州帽"，可能是蕃货，而不是国货。这个假设，尚缺坚实的内证，但有若干旁证可作支撑，特列举几例。

第一，按李廓诗的句式和词义，只戴"扬州帽"与

---

① （清）王锳：《诗词曲语辞例释》（第二次增订本），中华书局2016年版，第443页。
② 全汉昇：《唐宋时代扬州经济景况的繁荣与衰落》，见《中国经济史论丛》（一），中华书局2012年版，第16页。

惯熏"异国香"虽非互文，却是对称，足以触发此帽也许是异国之物的联想，正如陈寅恪先生所说："凡所谓摩登之妆束，多受外族之影响。此乃古今之通例，而不须详证者。又岂独元和一代为然哉？"（《元白诗笺证稿》第五章新乐府"时世妆"条）陈先生又指出："外夷习俗之传播，必有殊类杂居为之背景。"① 按元和之世，胡风流行一时，而扬州正是"殊类杂居"的都会。早在肃宗上元元年（760），田神功兵大掠扬州，导致"商胡波斯被杀者数千人"②。过了数十年之后的"元和初"，"扬州胡店"依然操纵珠宝市场，一珠径寸，价值千缗（贯）③。

第二，波斯是毡类制品的故乡。"毡的真正原产地是在伊朗地区，古代伊朗的僧侣和阿契美尼德王朝诸王——正像后来在索格底亚那地区的那些模仿他们的人一样——头上就戴着高高的毡帽。甚至到了唐代，虽然毡已经广泛地用作帘幕、帐帘、帐篷、坐席、鞍褥、靴子以及其他各种各样的覆盖物，但是它仍未完全成为中国的土产。"④ 既然中、波物质文化传统存在这样的差异，就不妨设想：所谓"扬州毡帽"，或为胡商输入的"波

---

① 陈寅恪著，陈美延编：《元白诗笺证稿》，生活·读书·新知三联书店2001年版，第269页。
② 《田神功传》，见《唐书》卷124。
③ 《太平广记》卷402，"守船者"条引《原化录》。
④ ［美］薛爱华：《撒马尔罕的金桃：唐代舶来品研究》，吴玉贵译，社会科学文献出版社2016年版，第493页。

斯毡帽"，即正牌舶来品，而非本地仿制品，才会在长安的达官贵人（裴度是宪宗朝宰相，平淮西吴元济之乱的功臣）和摩登公子之中流行，风靡于上层社会。

第三，中古波斯的男性头饰，可分为头巾和帽子两大类，从传统的波斯细密画的图像来看，男帽不是清一色的。其中锥状卷边的一种，顶高沿阔，正与所谓"扬州帽"形制的两大特征（顶厚和有盖可张）近似（可参看《鲁拜集》和《蔷薇园》）。广陵帅献给裴度的"新样"，很可能就是元和十年输入的新舶货。

第四，市舶时代的港口官员，进奉都城权贵之物，通常都是从舶上来的，这样才能博取欢心。至于波斯毡帽为何会被讹传成"扬州毡帽"，这类"历史的误会"，在市舶时代并不离奇。且将广府与扬府作一比较，便可略知分晓。唐末"土生波斯"李珣著的《海药本草》，收录海外香药131种，这批舶货输入广州后再向腹地扩散，竟有多种海药被误称为"广药"或"广香"，岂不是无独有偶么。

第五，波斯帽作为一种文化渗透的现象，不仅见于俗界，甚至在僧徒的禅谈中也有所反映，尽管此类话题只有思辨性而无纪实性。《古尊宿语录》卷25云："雾卷云收，江山迥秀，不伤物义，波斯去帽。"同书卷38云："问：智隔千重锁，如何擘得开？师云：波斯不戴帽。"据此可知，波斯之帽质地坚厚、难以擘开，在唐代社会有相当高的知名度,才会见于和尚的口头禅。①

以上所作的种种推测,旨在寻坠绪于茫茫,未必能够揭示真相。尽管如此,我还是认为在治学的路上,有时会雾里观花,不妨靠近一点,借钱锺书先生的历史智慧来照明:

> 一代之起居服食,好尚禁忌,朝野习俗,里巷惯举,日用而不知,熟押而相忘,其列为典章,颁诸法令,或见于好事多暇者之偶录,鸿爪之印雪泥,千百中才得什一,余皆如长空过雁之寒潭落影而已。②

确实如此,经过千余年之后,唐代波斯的舶来品,已如"长空过雁之寒潭落影",欲于千百中得什一,谈何容易。所谓"扬州帽"之谜,即使猜错了,总比安于"不知"或"相忘"好点吧。历史遗留的雪泥爪印,既有北齐的"鲜卑帽",难道不可能有唐代的"波斯帽"么?③

---

① 陈明:《丝路医明》,广东教育出版社 2017 年版,第 57－66 页。
② 钱锺书:《管锥编》(一)下卷,生活·读书·新知三联出版社 2001 年版,第 570 页。
③ 参见孙机《华夏衣冠:中国古代服饰文化》,上海古籍出版社 2016 年版,第 88 页。

四、李白子息胡名存疑

李白的先世,住在"诸国商胡杂居"的碎叶,即玄奘西行路经的素叶水城,故址为今吉尔吉斯共和国阿克·贝希姆(Ak-Beshim)。中世纪的突厥文化、粟特文化和汉文化,曾一度在这里汇聚,蔚为奇观。童年的李白,已受过跨文化的熏陶,势所难免。五岁随父李客入蜀,时在中宗神龙元年(705)。经过中华文化长期培育,这位自称"陇西布衣"的漂泊者,终于成为唐代诗歌王国的巨人,光耀百代。陈寅恪先生曾先后刊出《李太白氏族之疑问》(1935)和《书〈唐才子传·康洽传〉后》(1951)二文,发前人所未发,为学界所熟知,就不必详引了。

按寅恪先生研究历史人物的思路,溯源先世与衍及后嗣是并重的。故不避"狗尾续貂"之嫌,在这里探究一下李白子息的胡名,据魏颢作《李翰林集序》云:

> 白始娶于许,生一女、一男曰明月奴,女既嫁而卒。又合于刘。刘诀,次合于鲁一妇人,生子曰颇黎。终娶于宋。

以上二名,虽用汉语,实为借词,试作如下分解。

"颇黎"——佛经"七宝"之一,据《玄应一切经音义》卷2云:"颇黎,力私切,又作黎,力奚切,西国宝名也。梵言塞颇胝迦,又言颇胝,此言水玉,或云白珠。"可知梵文 Spahtika 之略,即为"颇黎"。① 此名借入汉语之后,至唐代已成熟语。李白取其"白珠"之意,为爱子命名,于理可通。一说"颇黎"之名源于突厥语 böri,即"附离"(狼)或"附邻",属于游牧民族的图腾崇拜。② 这似求之过深,反而令人费解了。如此对音,其音值虽近似,音义却不可取。试问李白如果称儿子为"狼孩",把自己置于何地呢? 在汉文化中,"狼子野心"可不是什么吉祥语呀。

"明月奴"——三字名在汉语中不如单字、两字普遍,加上"奴"字则意味着"小名"或"爱称"。李白之子以此为名,或与其家族来自中亚的碎叶有关。在粟特人中,"明月奴"之名并非罕见,其原型为 m'xBntk,由 m'x(月)和 Bntk(奴)构成,意即"明月奴"或"月神奴":Slave of the Moon(‐god)③。《吐鲁番出土文书》中的人名"莫畔陁"④ 即其音译。

李白一生,喜"白"爱"月",其诗句"欲上青天

---

① 章鸿钊:《石雅·宝石说》,上海古籍出版社 1993 年版,第 18 - 19 页。
② 努尔兰·肯加哈买提:《碎叶》,上海古籍出版社 2017 年版,第 200 页。
③ Pavel Lurje, *Personal Names in Sogdian Texts*, Wien, 2011, pp. 232 - 233. Cf B. Gharib, *Sogdian Dictionary*, Tehran, 1995, No. 5174 & No. 5176.
④ 《高昌令狐等传供食帐》,见《吐鲁番出土文书》第 1 册,文物出版社 1992 年版,第 418 页。

揽明月""举头望明月"和"举杯邀明月"等,流露出个人心灵的独特情趣。他分别为儿子取名"颇黎"(玻璃)和"明月奴",其共同意象就是明亮,可说是这位"诗仙"美学理念的体现。前一名梵音,后一名胡义,堪称"双璧"。是耶非耶,尚待高明教示和裁定。

五、裴铏传奇《崔炜》与广府市舶贸易

汪辟疆先生校录的《唐人小说》,体例完善、甄录精当,治唐稗者,早有佳评。书中收入晚唐裴铏的传奇《崔炜》,尤其受到校录者的重视:"文奇事奇,藻丽之中,出以绵渺,则固一时巨手也。"① 按其结构而言,这篇传奇似可从三个层面来分析:除艺术虚构和思想倾向外,尚有融入其中的历史内涵。本文以后者为重点,观察裴铏对广府的市舶贸易,作出何种程度的反映,于字里行间捕捉信息而已,岂敢自诩为从小说发现历史。

这篇传奇的故事现场安置在贞元年间(785—805)的广州,包括市区和城郊,主角则为随父来粤宦游的浪荡公子崔炜,其人"不事家产,多善豪侠,不数年,财产殚尽,多栖止佛舍"。因得道婆鲍姑授予仙艾,成为"善灸赘疣"的羊城名医,享誉阴阳两界。随后,他因避祸迷路,失足坠入枯井中,幸得神蛇引导,才有机会潜入巨穴,到了南越王赵佗的地宫,得到陪葬的后宫佳

---

① 汪辟疆:《唐人小说》,中华书局1963年版,第267页。

丽青睐，获得随葬品国宝阳燧珠，骑白羊回广州。至中元节，崔炜到波斯邸，以十万缗的高价，售给一名老胡人，胡人遂泛舶归大食（阿拉伯）去。从此崔炜落户广州，散金破产，栖心道门，最后携眷往罗浮山，已见不到道婆鲍姑了。

整篇传奇，以巧逢鲍姑发其端，以重访鲍姑结其末，"道"味极浓。为什么会这样呢？毫无疑问，其创作思想的崇道倾向，来自本身的信仰。裴铏号"谷神子"，著《道生旨》（见《云笈七签》卷88），阐述精、气、神的关系，特强调"道之最要，以精为根"。明白了这一点，就可知这篇传奇是"文以载道"的代表作。

最后，应该分析《崔炜》的历史内涵了。作者给这篇传奇掺入唐末广府市舶贸易的若干情节，使传奇性与历史性杂糅成团。尽管表现得扑朔迷离，其实仍然是可辨可证的。

第一，"中元节"（农历七月十五日）是一个重要的时间节点，在靠季候风航行的市舶时代，夏秋之际正是贸易的旺季。波斯和大食的海商，云集广州，出售香药和珠宝，早已成为季节性"蕃市"的熟客了。

第二，"波斯邸"即波斯客栈，供海商住宿，也可以囤积舶货。虽未指明具体地点，估计应在"蕃坊"附近，才有足够的人气。"邸"以住人为主，与一般的"波斯店"供应胡食或胡药，是有区别的。

第三，"阳燧珠"又称"火珠"，即聚日光（阳）取火（燧）之器。早在贞观四年（630），来自南海的贡品已有火珠,"大如鸡卵,圆白皎洁,光照数尺,状如水精,日中以艾承之,即火燃"①。如此性状之珠,堪称异方宝货。故胡商百计搜求,不获不快。

第四,"老胡人"当属前述杜诗中的"海胡"。他籍隶大食,实即为从波斯湾泛海东来的"西域贾胡"。按其社会身份,应为"波斯舶主"一类人物。冠以"老"字,表明他是一位头面人物(倘作年"老"解,则不宜远程航海),也许就是出类拔萃的"舶主都纲首"吧。由于财力雄厚,所以才能够在波斯邸高价购珠,使崔炜由贫变富。

第五,"十万缗"即十万贯,千钱贯穿成缗,是钱币的计算单位。这笔巨额交易,在细节上是不合史实的。因为,唐代岭南地区交易用银不用钱②。裴铏作品出现这个小小的失误,是不难理解的。他以御史大夫为成都节度副使,人在四川,对岭南市场的金融状况,难免隔膜,不必苛求。

从总体来看,传奇《崔炜》的历史内涵是丰富的,描述的轮廓也是基本准确的。尽管有个别失实之处,瑕不掩瑜,仍然可以看作是唐末广府市舶贸易的一面镜子。

---

① 章鸿钊:《石雅·宝石说》,上海古籍出版社1993年版,第57、177页。

② [日]加藤繁:《唐宋时代金银之研究——以金银之货币机能为中心》,中华书局2006年版,第94–97页。

结　　语

关于唐代诗文证史的学理和方法，陈寅恪先生在其名著《元白诗笺证稿》中，已经作过典范性的集中演示，嘉惠后学，影响深远。

诗文证史的方法，为唐史研究辟一新境，应归属于史学范畴而不是诗学范畴。史学求真，文学求美，在精神生活中各有功能，这是其差异性所在。不过唐人的诗题、诗序和传奇文本，往往标明年代和地点，这样的时空坐标在诗与史之间架设了"暗渡陈仓"的桥梁，循此而行，就有可能从诗文中发现历史了。

陈寅恪史学有自身的话语体系，与"史料派"和"史论派"大异其趣。除诗文证史外，还有古典与今典的"两典论"，胡化与汉化的"文化论"，直接与间接的"传播论"，以及个性之真实与通性之真实的"认识论"，等等。由于知识结构和学术眼界的限制，晚生后学要与其"神理相接"，是困难重重的。走"近"陈寅恪易，走"进"陈寅恪难。本文分别探讨"海胡""波斯舶主""扬州帽"和"胡名""市舶"在唐代诗文中的词形和内涵，虽略有新意而不足言创获。面对陈寅恪先生丰富的学术遗产，札记五则只是一份老学生的新作业，呈献师门，祝福冥寿。

《巴黎茶花女遗事》的中华效应

一、题解

19世纪末,法国作家小仲马(1824—1895)的小说《茶花女》传入中国,译本畅销,风靡一时,在晚清人士中引发持续的轰动效应。所有这些,既是重要的文化现象,又是重要的社会现象,值得后人回顾。

关于书名的来历,略加说明如下。

《茶花女》原为法文 La Dame Aux Camélias,花名源于人名卡梅尔(George Joseph Kamel,乔治·约瑟夫·卡梅尔),耶稣会士,1688年奉派到菲律宾传教,46岁病死。其遗著《吕宋岛植物志》,著录当地山茶花的性状和品种。茶花是他调查发现的,经瑞典植物分类学家林奈(Linnaeus,1707—1778)确认并按例以人名作为

---

* 本文据作者2007年11月23日在香港城市大学中国文化中心的讲演稿修订而成,纪念林纾《巴黎茶花女遗事》出版120周年。

茶花的学名（Camellia）。小说女主角玛格丽特，是巴黎著名的"交际花"，喜欢在剧场度过夜生活，随身带三件东西：一副望远镜、一袋蜜饯和一束茶花。一月之内，她25天戴白茶花、5天戴红茶花，因而被人加上"茶花女"的外号，意为"爱茶花的女郎"，并无别解。

二、林纾与《茶花女》的译述

林纾（1852—1924），字琴南，号畏庐，别署冷红生，福建闽县（今福州）人。1899年发表第一部译作《巴黎茶花女遗事》，书前有"小引"云：

> 晚斋主人归自巴黎，与冷红生谈，巴黎小说家均出自名手。生请述之。主人因道：仲马父子文字于巴黎最知名，《茶花女马克格尼尔遗事》尤为小仲马极笔。暇辄述以授冷红生。冷红生涉笔记之。①

关于林纾译西书之原始，黄濬有更详细的记述：

> 世但知畏庐先生以译《巴黎茶花女遗事》始得名，不知启导之者，魏季渚先生（瀚）也。季渚先生瑰迹耆年，近人所无，时主马江船政局工程处，

---

① 小仲马：《巴黎茶花女遗事》，林纾译，商务印书馆1981年版，第1页。

与畏庐狎。一日，季渚以告法国小说甚佳，欲使译之，畏庐谢不能，再三强，乃曰："须请我游石鼓山乃可。"鼓山者，闽江滨海之大山，昔人所艰于一至者也。季渚慨诺，买舟导游，载王子仁先生并往，强使口授，而林笔译之。译成，林署冷红生，子仁署王晓斋，以初问世，不敢用真姓名。书出而众哗悦，畏庐亦欣欣得趣。①

游石鼓山、译《茶花女》，看似一次闲适郊游的产物，实则是林纾为"遣悲怀"而实现的精神解脱。林纾中年（45岁）丧妻，他的爱妻刘琼姿1897年病死，在这之后他陷入伤逝的悲痛而难以自拔，友人魏季渚才有这样的安排。

这部王述林译的古文体悲情小说，是晚清文坛的奇葩。用心、用情、用笔，都是独具一格的。钱锺书先生在《林纾的翻译》中早已指出：

> 在林译第一部小说《巴黎茶花女遗事》里，我们看得出林纾在尝试，在摸索，在摇摆。他认识到"古文"关于语言的戒律要是不放松（姑且不说放弃），小说就翻译不成。为翻译起见，他得借助于文言小说以及笔记的传统文体和当时流行的报刊文

---

① 黄濬著，李吉奎整理：《花随人圣庵摭忆》上，中华书局2013年版，第349页。

体。但是，不知道是良心不安，还是积习难改，他一会儿放下，一会儿又摆出"古文"的架子。古文惯手的林纾和翻译生手的林纾仿佛进行拉锯战或跷板游戏；这种忽进又退、此起彼伏的情况清楚地表现在《巴黎茶花女遗事》里。①

林纾的尝试总算成功，旗开得胜，不胫而走。尽管译文中红颜"薄命"的传统笔法出现5次，仍令读者耳目一新，产生了罕见的轰动效应。

三、社会效应的具体表现

光绪二十五年（1899）年初，《巴黎茶花女遗事》初刻本刊行于福建，印100册，非卖品，只在"朋友圈"中流通。不久即成为热门书，大量翻印，风行海内。1904年，林纾的同乡严复曾赋诗惊叹："可怜一卷茶花女，断尽支那荡子肠。"这首名为《甲辰出都呈同里诸公》的诗，虽套用唐代刘禹锡《赠李司空妓》的句式："司空见惯浑闲事，断尽江南刺史肠"，却表达了异于前代的社会心理，流露出"荡子肠"中的新意识，也许可以勉强称之为反封建意识吧。当然，用封建意识来抒写读后感的也不乏其人，如吴东园的《茶花女本事

---

① 钱锺书：《七缀集》，生活·读书·新知三联书店2001年版，第112页。

诗》，就仍弹"倾国佳人"的老调："天生丽质曰马克，似此佳人难再得。少小名噪巴黎斯，一顾倾城再倾国。"读者群中，既有名流，也有俗客，还有一位年正少壮的齐白石。他为《巴黎茶花女遗事》写了八个字的评语："人间恨事，天下妙文。"① 真想不到，白石老人也是赏花人！更想不到的是，仿作也出现了。1907年，钟心青著的《新茶花》小说，可作东施效颦之例。②

最轰动和最集中的社会效应，并不是读书，而是演剧。《茶花女》的作者小仲马，于1851年亲自将小说改编成话剧，作曲家威尔第又于1853年将其改成歌剧。从此之后，茶花女就上舞台说话和唱歌了。西风徐来，使晚清留日的中国学生也受到吹拂，竟在东京搬演茶花女遗事，揭开了近代中国话剧运动的序幕，下面作一简介。

赴日留学，是晚清知识界的新潮流。1907年2月6日，日本官方宣布：中国留日学生共17860余人③，主要集结于东京。以"开通民智，鼓舞精神"为宗旨的"春柳社"，是留学生中的进步团体。创建者李叔同（1880—1942），出身天津书香门第，1905年到日本东京，入美术学校学习西洋画，是个多才、多艺、多情的

---

① 马明宸：《借山煮画——齐白石的人生和艺术》，广西美术出版社2013年版，第96页。
② 参见钟心青《新茶花》，百花洲文艺出版社1996年重印本。
③ 郭廷以编著：《近代中国史事日志》下册，中华书局1987年版，第1269页。

热血青年，为赈灾（淮河水灾）发起义演，剧目就是《茶花女》。李氏男扮女装，粉墨登场。为表现女主角的苗条身段，他不惜减食束腰，练声练舞。1907年2月11日，话剧《茶花女》在东京公演，观众2000余人，大获好评。值得一提的是，观众席上有女侠秋瑾，仅仅五个月后，她就在浙江绍兴大通学堂督办任上，因谋起事不成而被杀害了。

演出成功，李叔同百感交集，写了《茶花女遗事演后感赋》，情悲意切，非同凡响：

> 东邻有儿背佝偻，西邻有女犹含羞。
> 蟪蛄宁识春与秋，金莲鞋子玉搔头。
> 誓度众生成佛果，为现歌台说法身。
> 孟旃不作吾道绝，中原滚地皆胡尘。①

诗中有"谶"，七言等于预言，"誓度众生成佛果"，果然在他后半生中充分展开了。1918年，李叔同在杭州定慧寺剃度为僧，法名演音，法号弘一。随后长期驻锡闽南，弘法传人，成为名扬海内外的一代高僧。1942年10月13日圆寂于泉州温陵养老院，留下绝笔"悲欣交集"四字。多年之后，赵朴初先生在追念弘一法师的诗里，有"深悲早现茶花女"之句，堪称知人论世了。

---

① 李叔同编：《李叔同诗词集》，漓江出版社2012年版，第29页。

茶花女的原型，是巴黎名妓玛丽·杜普来西（Marie Duplessis，1824—1847），死后葬于蒙马特公墓。20世纪旅法的华人，不少人因受林译小说影响，都成了茶花女墓的吊客。1912年，正在巴黎大学深造的陈寅恪先生，时年23岁，也曾亲访其墓，久久难忘。经过半个世纪，他76岁忆及此事，还赋诗追念，一往情深。全诗已佚，只存一个长长的诗题：

> 癸卯（1963）春，病中闻有人观巴黎茶花女连环图画，因忆予年二十三旅巴黎曾访茶花女墓戏赋一诗，今遗忘大半，遂补成之。光绪中，林纾原名群玉，仿唐人小说体译小仲马巴黎茶花女遗事，其文凄丽，为世所重。后有玉情瑶怨馆本，镌刻甚精，盖出茶陵谭氏兄弟也。①

寅恪先生病中补成的早年诗作，虽未能传世，但据诗题可以推知，其中必有深沉的历史咏叹。不言而喻，他在颂"红妆"（柳如是）之前，已经颂过"洋红妆"（茶花女）了。这段"金明馆"的掌故，证明林译《巴黎茶花女遗事》的中华效应，确实既深且远。陈氏八字："其文凄丽，为世所重"，可作定评。

---

① 蒋天枢：《陈寅恪先生编年事辑》，上海古籍出版社1997年版，第174页。

四、晚清西来文化激素之命运

晚清的中国社会，危机四伏，包括民族危机、统治危机和精神危机，表现为具体的历史事件，就有甲午海战、戊戌变法、八国联军、同盟会革命活动等。随着社会的动荡，思想文化也动荡起来了。

明清之际的西学东渐，如罗明坚的《天主实录》（1584年刊于广州）、艾儒略的《西学凡》（1623年刊于杭州），等等，都是西学与神学的混合物，由洋人"送来"的。至于国人"拿来"的，则是晚清的新动向。作为西来的文化激素，这些世俗性读物，既有"情"的，又有"理"的。前一类可以林译《茶花女》为代表，后一类则首推严复（1854—1921）的《天演论》。严复选取英国启蒙思想家赫胥黎的名著《伦理与进化》，用古文笔法译述，坚持"信、达、雅"原则。此作于1898年正式出版，比林译《茶花女》还早一年。十多年后，此书版本超过30种，畅销全国。据胡适回忆：

> 《天演论》出版之后，不上几年，便风行到全国，竟做了中学生的读物了。读这书的人，很少能了解赫胥黎在科学史和思想史上的贡献，他们能了解的只是那"优胜劣败"的公式在国际政治上的意义。在中国屡次战败之后，在庚子、辛丑大耻辱之

后，这个"优胜劣败，适者生存"的公式确是一种当头棒喝，给了无数人一种绝大的刺激。几年之中，这种思想像野火一样，延烧着许多人的心和血。"天演""物竞""淘汰""天择"等术语渐渐成了报纸文章的熟语，渐渐成了一班爱国志士的口头禅。①

至于林译《茶花女》为什么也是"一种绝大的刺激"，金克木先生是将它放到上海滩上去理解，指出在时人眼中，这部小说既是爱情的悲剧，又是道德的喜剧：

> 为什么《巴黎茶花女遗事》（1898年）能风靡一时？将此事和差不多同时的《孽海花》（1904）等一对比就可以明白。那正是上海滩上昏天黑地之时。妓院和赌场成为官僚政客文人豪士的聚会之处，又是交易场所即情报总汇。同时还有不少人发出世道人心不古的慨叹。用当时中国人的眼光看，这部法国小说中有嫖，有赌，有情，有义，又有道德规范终于战胜一切罪恶。亚猛正如同《会真记》中的张生"善补过"，马克（马格尼特）也如《西厢记》中的莺莺"善用情"，一般无二。同是爱情的悲剧，道德的喜剧。于是古代心情，现代胃口，

---

① 胡适：《四十自述》，黄山书社1986年版，第46页。

西装革履在妓院中赌场上讲道义,巴黎小说遂化而为上海文学了。自然得很,何足为奇?①

经过以上的对比,可知两书的效应同中有异:《天演论》说的是"理"(进化),《茶花女》谈的是"情"(人性)。不过,异中也有同:无论严译还是林译,都是名译,但也都是不忠于原著的意译。由于其"意"切合晚清社会潮流之意,也即在"礼崩乐坏"中寻觅生机,因此才能成为精神兴奋剂,激起千重浪,引发出跨世纪的社会效应。历史昭示后人:书之传不传,书之显与晦,不以个人为转移,而取决于时代。著述如此,译述也是如此。用句似玄非玄的话来说,正所谓:时也,运也,非人力所能强也。一部文学接受史,也是一部社会变迁史。

---

① 金克木:《中国文化老了吗?》,中华书局2016年版,第157-158页。

序编

中外关系史书序

《古代摩尼教艺术》中译本序[*]

摩尼教是中世纪的世界性宗教之一。"教阐明宗,用除暗惑。"(《摩尼光佛教法仪略》)因此,在中国又称"明教"。

中国对摩尼教的研究,如果从宣统元年(1909)蒋伯斧跋摩尼教残经、附考摩尼教入中国源流起算,到现在已近 80 年了。经过王国维、陈垣、许地山、牟润孙和吴晗诸前辈的努力,摩尼教在中国传播及其流变的历史,到 40 年代已经勾画出一个相当明晰的轮廓。可惜,随后这个领域便出现断层,几乎冷落了 40 年之久。直到 80 年代初,林悟殊君才又在前人成果的基础上,进行了新的探索。他在研究过程中,旁搜博采,广泛参考当代国外研究摩尼教的大量论著,克林凯特博士的《古

---

[*] 原载于〔联邦德国〕克林凯特《古代摩尼教艺术》,林悟殊译,中山大学出版社 1989 年版。

代摩尼教艺术》，就是其中之一。现在又将这本书译成中文出版，这对我国学人了解西方摩尼教研究的现状，促进中外学术交流，都是有积极意义的。

克林凯特博士这本书，以摩尼教的绘画艺术和书法艺术为研究对象，别开生面，深达幽微。他运用丰富的比较宗教学知识，分析20世纪初在吐鲁番发现的残壁、残帧和残卷中的摩尼教题材，确定这些艺术遗存的宗教特征，为了解来华摩尼教徒的精神生活，提供了一批经过科学论证的形象资料。书中对摩尼教艺术的帕提亚文化根源及其与西域佛教艺术的关系，所作的分析是很有见地的。"图版释文"凝聚着作者的许多心得，如关于三干树图、大二宗图和庇麻节图的阐释，明白瞭畅，也同样显示出作者在摩尼教研究方面的深厚功力。

唐宋时代的中国文献，常常将摩尼教的图与经相提并论。除《摩尼光佛教法仪略》有"图经仪"一门外，《宋会要辑稿》刑法门还详举摩尼教徒"绘画"中"佛帧"的种种名目：妙水佛帧、先意佛帧、夷数佛帧、善恶帧、太子帧、四天王帧。《佛祖统纪》甚至提到河南陈州摩尼教徒所绘的图像及其寓意："画魔王踞坐，佛为洗足，云佛是大乘，我法乃上上乘。"用画释经，以图造像，成了摩尼教通俗化和形象化的传播手段，难怪南宋官员要制定画像者与写经者科以同罪的对策："凡为人图画妖像，及传写刊印明教等妖妄经文者，并从徒一年论罪。"（《渭南文集》）可见，在考察摩尼教历史的时候，对造型艺术所起的作用，是应该给予充分重视的。克林凯特博士匠心独运、另辟一境，通过宗教、艺术、考古的综合分析，扩大了摩尼教的研究领域。他的成果和方法，即使对熟悉唐代文献和吐鲁番文物的中国学者来说，也仍然具有"他山之石，可以攻玉"的参考价值。

读了克林凯特博士的书，使我联想起一个有趣的问题。在摩尼教的神学体系中，珍珠和宝石往往被用作人类灵魂的象征；善恶两种力量对人类灵魂的争夺，直接表现为商人护宝与暗魔劫宝的冲突；"明船"作为驶向光明王国的渡海工具，再现了海商浪迹天涯的图景；至于残经中"兴生"一名，则是唐代屡见不鲜的商业用语（吐鲁番出土文书称"商胡"为"兴生胡"）。这层涂在教义上面的商业色彩，是否意味着摩尼教的世俗倾向？在中世纪的西欧，打着摩尼教旗号的社会集团，无论是艾伯塔派还是纯洁派，都属于城市平民异端。唐代入华的摩尼教徒，也是与昭武九姓的商胡贩客结伴而来的。他们的聚集地高昌，恰恰又是"西域之门户"。至于摩尼教徒在关内的活动区域，荆、扬、洪、越诸州，毫无例外是江河沿岸的商业都会。摩尼教传播过程中与商人和城市的关系，其紧密的程度尽管不能同早期印度佛教相比，但城市生活作为它滋生繁衍的土壤，恐怕是不能置之不顾的。这里仅限于提出问题，附着浅见，有待同好者来共析疑义。

半个多世纪以前，陈寅恪教授（1890—1969）就告诫过中国学人："今世治学以世界为范围，重在知彼，绝非闭门造车之比。"(《吾国学术之现状及清华之职责》)治摩尼教之学,也同样不能闭门造车。《古代摩尼教艺术》中译本的出版,为"知彼"办件实事,惠及学林,决不是可有可无的。

1988年5月

《波斯拜火教与古代中国》序[*]

林君悟殊,羁泊湄南,寂寞勤苦,不失书生本色。继摩尼教研究之后,又撰成琐罗亚斯德教与古代中国之专著。十余年间,中古三夷教已探其二,成绩斐然,有目共睹。

乾嘉时代之史学大师章学诚,在《与汪龙庄书》中曾针砭时弊云:"近日学者风气,征实太多,发挥太少。有如桑蚕食叶,而不能抽丝。"时至今日,此风是否未泯,识者当心中有数。至于林君之学,则既能"食叶",又能"抽丝",绝非庸蚕之比,可以无疑。书中对琐罗亚斯德教原典及礼仪,溯源探流,条分缕析,现"苏鲁支"本相于读者之前,评介而兼阐释,有学力,有才思,不期于高,而自高矣。

中古三夷教,均经中亚传入中国,由河中而达河西,文化史上属于间接传播一路。陈寅恪先生读《高僧

---

[*] 原载于林悟殊《波斯拜火教与古代中国》,台北新文丰出版公司1995年版。

传》,对文化移植发生变异之利弊得失,有如下精辟识语:"间接传播文化,有利亦有害:利者,如植物移植,因易环境之故,转可发挥其特性而为本土所不能者,如基督教移植欧洲,与希腊哲学接触,而成欧洲中世纪之神学、哲学及文艺是也。其害,则辗转间接,致失原来精意,如吾国自日本、美国运文化中之不良部分,皆其近例。然其所以致此不良之果者,皆在不能直接研究其文化本原。"据此类推,唐宋火祆教与其文化本原相比,或因"辗转间接"而染上中亚色彩,已非波斯本土之正宗,而为昭武九姓之变种,亦未可知。林君在摩尼教研究中已注意到中亚教团之特殊性,至于火祆教与兴生胡关系如何,似乎尚有剩义,何不加以畅言?既承索序,附陈所疑,非敢有所论定,聊备采择而已。

林君与余缔交垂三十年,情深谊笃。其为人也,淡名利,薄滋味,志定神清,力学奋进。百年人生,君方过其半,幸自珍重爱惜,以期臻于立言不朽之域。

1994年孟冬
书于中山大学

《澳门与中华历史文化》序*

澳门作为中西文化交流之门，屹立于南海之滨，已有400多年之久了。濠镜反映出来的历史画面丰富多彩，正如清初诗僧所咏："蔷薇蛮妇手，茉莉汉人头"（释今种），"番童久住谙华语，婴母初来学鴂音"（释迹删）。洋气与华风，在这里汇聚交融，蔚为奇观，任何时候都是引人注目的。不过，感受是一回事，研究又是一回事。三巴寺的晓钟，妈祖阁的香火，耳闻目睹者大有人在，而形诸著述，传之后世，则寥寥无几。

在当今致力于澳门历史文化研究的学人中间，正值盛年的章文钦先生，可说是一名后起之秀。从80年代初期起，他即师从戴裔煊教授，在这位学界名宿的指导下，从事有关中葡关系和澳门历史的文献研究，逐步形成实学的风格。辑入本书的《〈澳门纪略〉研究》，就是这个时期的代表作。随后，他又参与《东印度公司对华贸易编年史》中译本的校注工作，并辑集明清时代的

---

* 原载于章文钦《澳门与中华历史文化》，澳门基金会1995年版。

澳门诗词详加笺注，潜心伏案，辨疑析难，使自己的学养达到新的水平。在持续不断的精神生产中，他具有一种异于流辈的精品意识，难能可贵，不愧为已故戴裔煊教授寄予希望的传人。

呈献给读者的这本书，是章文钦先生探讨澳门历史文化的初次结集。其中，既有史事辨析和文献研究，又有人物评论、宗教传播和民间信仰方面的问题。作者虽着眼于澳门与中华历史文化的关系，但不用高论炫人，处处以求实为依归。凡所论证，都是一步一个脚印，无浮泛弘廓之病，有沉潜细密之功。读是书者，当能知之。

章文钦先生少时曾汲韩江水，并非出身书香门第。按其生活道路而言，他是奋起清寒，笃志力学，才取得今天的成绩的。因嘉其行，复庆其成，爰志数语，未敢视为正式的序言。

1994年12月19日
于广州康乐园

《早期澳门史》中译本序^{*}

在清代中瑞关系史上，无论从经济方面还是文化方面看，龙思泰（Anders Ljungstedt）都是一个占有重要地位的人物。作为广州瑞行的大班，他是瑞典东印度公司对华贸易终结的见证人。垂老索居蠔镜之滨，又用著述为后世提供了一份关于澳门历史的卓越观察。亦商亦学，卓然有成，在19世纪初的洋场上堪称出类拔萃。

龙思泰从出身寒门到变成为巨贾，始终保持着高贵品格。他富而乐善，富而好学。林雪平职业学校的创立和《早期澳门史》的编纂，成了他一生中的两座丰碑，值得后人景仰。1993年，我曾在澳门凭吊过龙思泰的墓园。1996年，应邀赴北欧访问过龙思泰的祖国。现在，又有机会为龙思泰名著的中译本作序，真是缘上加缘了。可以说，超越时间和空间的阻隔，今天的中国人没有忘记这位杰出的瑞典朋友。

---

* 原载于［瑞典］龙思泰《早期澳门史》，吴义雄等译，上海东方出版社1997年版。

《早期澳门史》是一部不平凡的书。作者尊重历史，尊重读者。"我的所有力都限制在简要而忠实地叙述事实的范围内，留待读者运用自己的聪明才智去判断所讨论的问题。这些问题将在明察秋毫的头脑之下受到检验。"（见该书"1836年版自序"）龙思泰这部书，取材博瞻、信而有征，从事实中作出"澳门是中国的领土"的明确判断，既有历史感，又有正义感。在西方古典汉学中，《早期澳门史》一书表现出来的才、学、识，确实是非同凡响。

龙思泰的同时代人、清代著名学者赵翼说过："书有一卷传，亦抵公卿贵。"《早期澳门史》传世已百余年，其中译本的出版将使它加入中华学术之林。富贵有尽，文章长留。龙思泰不是公卿，胜似公卿，他是凭醇正的"立言"而不朽的。

> 1997年2月28日
> 于广州中山大学

《唐代景教再研究》序

在唐代景教再研究的路上,林悟殊先生孜孜以求,计日程功,堪称一位勤奋的探索者。相形之下,我几乎像个路边散人,与中古三夷教的历史疏离已久,又未修炼成"退院老僧",本来是没有资格说三道四的。现在既然应命撰序,就只好序其所能序,勉强编织一席旁观者言,聊以塞责而已。

任何领域的再研究,都意味着向新的高度攀登。"再"与"复",貌似神异,实则不可同日而语。在这部新作中,著者对课题的拓展和深化,业已进入寻幽探微的境界。从开卷到终篇,无论对唐代景教的遗经、遗址,还是遗事,他所作的鉴别和考释,都是分析与综合并重,寓妙解于论证,令人耳目一新。读者自能知之,无待乎"传销"式的赘言。

作为一个旁观者,我不知不觉间,也受到默化和激发。面对即将问世的林氏新著,浮想联翩,有欲吐之言

---

* 原载于林悟殊《唐代景教再研究》,中国社会科学出版社2003年版。

三点，即：一是大秦景教流行并不是孤立的历史现象，二是景教作为"流产文明"在唐代中国之命运，三是中古三夷教汉化形式的差异。现依次略陈鄙见，以求教于著者和读者。

在古代的西域，大秦位于极西，即王国维所谓"黑海西头望大秦"是也。真有意思，这个并非近邻的国度，却被古代汉人视为远亲，成了中西文化因缘中一个著名的错觉："其人民皆长大平正，有类中国，故谓之大秦。"（《后汉书》卷八十八《西域传》）自汉至唐，与这个荒诞的"类中国"说并行，大秦的殊方宝货，从鸵鸟卵、火浣布到夜光璧、拂林狗，以"献"为名，逐步在中国传播，为神州添异彩。相伴而来的，还有地中海东岸的诸般幻法和医术。按其多样性和持续性，可以说七八百年间，已经在欧亚内陆形成一股大秦文明东渐的潮流，势不可遏。"犁靬眩人"发其端，"白衣景士"殿其后，整个过程完全符合世俗文化导出宗教文化的历史逻辑。凭借这个深远的背景，阿罗本才有可能"占青云"和"望风律"，于贞观九年（635）开创出大秦景教流行中国的新局面。

大秦景教的故乡，是一个与"中亚交通环岛区"齐名的"叙利亚交通环岛区"，在世界文明史中占有十分重要的地位。源出叙利亚的景教，按西方史学一代宗师汤因比的比较文明系统，独具一格，被确定为中世纪的"流产文明"。该教派自5世纪被赶出拜占廷之后，连遭厄运，无力回应外界的高强度挑战，致使基督教文明在远东的诞生变成泡影："这一景教母体中的远东基督教文明的胚胎在流产之前，孕育在乌浒河—药杀河流域，但是在737—741年，由于这个地区遭到阿拉伯帝国的打击，结果被剥夺了出生的机遇。"（《历史研究》修订插图本，第十七章）那么，在此之前100年，已从中亚两河流域遁入唐帝国的"大秦法"，为什么也没有改变"流产文明"的命运呢？据《大秦景教流行中国碑》的记述，安史之乱期间，景教徒曾活跃在助唐平叛的前线，"效节于丹廷，策名于王帐"，本来是有"机遇"可以乘隙勃起的。请看那位"赐紫袈裟僧伊斯"，他在汾阳郡王郭子仪的朔方行营里，不是赤心"为公爪牙，作军耳目"么？可惜在兵荒马乱中，景教又遭逢一场来自佛门的严重挑战。在敛钱供军需这个关键问题上，以神会为首的佛徒，比以伊斯为首的景士作出更大的贡献："大府各置戒坛度僧，僧税缗谓之香水钱，聚是以助军须。""代宗、郭子仪收复两京，会之济用颇有力焉。"（《宋高僧传》卷八《神会传》）正是这笔度僧所得的"香水钱"，既为郭子仪助威，又使景教徒失色，完全压倒"十字架"的光辉。因此，如果着眼于一种文明的命运，建中二年（781）建立的景教碑就不是什么流行中国的光荣榜，而是一块验证大秦景教从流亡到流产的墓志铭了。

中古入华三夷教，各有不同的文化背景和神学性格。摩尼教带着一副"明、暗"二色眼镜观察世界，对现存社会秩序采取否定态度，成了世俗性王统和宗教性正统的反对派。从北非到巴尔干，它到处喊打，也到处挨打。只有在回鹘汗廷，才扮演过昙花一现的国师角色。汉地的卫道者们，几乎异口同声，都谴责摩尼师输入"诳惑黎元"的邪说。火祆教则从娘胎带来浓重的巫气，聚火祝诅，以咒代经，妄行幻法。作为宗教符号的西胡崇"七"之俗，也在民间蜕变成"七圣祆队"的神秘形态，面目全非。景教又另辟一境，它拥有"善医"的独特优势，"医眼大秦僧"一身二任，既行教又行医，难怪景教碑对"病者疗而起之"津津乐道了。三夷教尽管托庇通都大邑，各显神通，其实扎根甚浅，在唐代的意识形态领域，完全处于边缘地位。经过"会昌灭佛"之后，不能不改变原来的存在形式，另觅藏身之所。释氏门庭的悲剧，引起连锁反应，三夷教也在劫难逃。杜牧笔下的"还俗老僧"，已经成了丧家之犬："雪发不长寸，秋寒力更微。独寻一径叶，犹挈衲残衣。日暮千峰里，不知何处归？"那么，大秦、摩尼、祆的幸存者，其出路又何在呢？按照事物演变的极限，为了保存一切就必须改变一切。应变意味着汉化。时至今日，中古三夷教的汉化形式，仍然是个悬而未决的问题。深入的研讨，有待群策群力。如果暂作如下的猜想：摩尼教异端化，火祆教民俗化，景教方伎化，会不会庶几近之呢？但愿这番旁观者言，能够筑巢引凤，迎来学界高明的真知灼见。

治学之旨，在于求真。创获与创收，原是大异其趣的。南宋诗人陆游早就说过："外物不移方是学，俗人犹爱未为诗。"林悟殊先生是一位不受外物所移的学人，他的新著也是脱俗之作。因此，我乐于在序末借诗为赞，并祝唐研究日益繁荣。

2001年春夏之交

写于中山大学

《中国祆教艺术史研究》序

将近100年前,当传统文化面临严重挑战的时候,王国维在其《奏定经学科大学文学科大学章程书后》中,曾经大声疾呼:"异日发明光大我国之学术者,必在兼通世界学术之人,而不在一孔之陋儒,固可决也。"往后的事实,越来越证明汲取域外智慧,开拓本土资源,确实是一条发明光大我国学术之路。姜伯勤先生是沿着此路不断进取的现代学人,像他提出的"祆教艺术史"这样的课题,倘不"兼通世界学术",是根本无从问津的。

祆教是中古时代入华的三夷教之一。它与景教和摩尼教的不同之处,除没有汉译遗经传世外,尤其显著的特色是地区差异。从宗教文化的历史形态来看,可以说祆教在传播过程中出现过四大版本:原版是波斯的琐罗亚斯德教,印度版是巴斯教,中亚版是马兹达教,中国

---

* 原载于姜伯勤《中国祆教艺术史研究》,生活·读书·新知三联书店2004年版。

版就是祆教。既然正宗与变种并存,涉足中国祆教研究的人,如果不放眼世界、知同察异,就难免沦为"一孔之陋儒"了。平心而论,个人走向世界,无非出国,较容易;商品走向世界,无非外销,似也容易;至于学问走向世界,那可就难上加难了。因为,它不只应当"接轨",而且要求"提速",否则就跟不上世界学术日新月异的进展。

《中国祆教艺术史研究》是一部从艺术遗存来研究中国祆教的专著,为伯勤先生多年潜研精神之独结,具有很高的原创性。他广泛参阅近百年来俄国、日本和欧美的相关论著,对文献、文书和文物进行竭泽而渔式的搜罗,在缺乏汉译祆教遗经可作文本分析的情况下,匠心独运,博综贯串,终于从中古遗存的图像和唐宋时代的民俗中辨认出祆教神祇若隐若现的身影,发现了"波斯式的天官建制"在东亚的遗痕,包括琐罗亚斯德教的大神和女神,这是极其难能可贵的。按照恩格斯卓越的比较宗教学见解,"为要成为宗教,一神论从远古时代就不能不向多神论作些让步,《曾德—阿维斯陀》便已开其端。犹太人慢慢地转向异教徒的诸具体神,这种情况一直继续到在流放以后有了波斯式的天宫建制从而使宗教更适应于人们的想象的时候"(《论原始基督教的历史》)。伯勤先生精心描述的敦煌"赛祆"盛况,正是一幅"使宗教更适应于人们的想象"的生动图景,反映了波斯式与华夏式两种异质文化在祆教礼仪中的融合,令人耳目一新。

艺术史学，是中国学术一片尚待开垦的处女地，早在20世纪30年代初，陈寅恪先生就感叹过，"本国艺术史学若俟其发达，犹邈不可期"（《吾国学术之现状及清华之职责》）。当年徐中舒先生的长篇论文《古代狩猎图象考》，力求运用图像学原理研究殷周铜器形制和纹样之演化及所受外来影响，就曾送请陈寅恪先生"校读一过"（《徐中舒历史论文选辑》上册）。经数十年风风雨雨之后，伯勤先生自觉地承续先哲之业，在更广的规模和更大的程度上，致力于艺术史学的研究。他深入钻研贡布里希的图像学和艺术史论著，对中亚和中原出土的大量文物进行比较考释，为祆教艺术求新证、创新解、立新说。他所取得的业绩，集中到一点，可以说是运用新材料和新方法，使波斯琐罗亚斯德教的"中国版"空前地明朗化了。

我与伯勤先生由同学而同事，论学谈心，切磋释疑，已历数十寒暑了。在饱经沧桑的康乐园里，我们对陈寅恪先生的诗文证史、岑仲勉先生的金石证史，都是无限向往的。现在，伯勤先生独出心裁，用图像证史来发明光大"二老"之学，我除赞赏之外，同时也深深受到激励。记得别林斯基曾经在一封信中高度评价过屠格涅夫的创作："找到自己的道路，认清自己的位置——人的一切尽在于此，这就是说，他符合了自己的本性。"伯勤先生既有学术功力，又有艺术素养，他能在中国祆教艺术史中发前人所未发，正是因为找到一条符合自己本性的道路。

伯勤先生的精勤笔耕，并不是安乐椅上的甜蜜事业。若干年来，由于亲人的病痛，曾几度置他于困境。在治学、治生和治病的三股张力中，他奋然前行，为亲人尽心，为学术竭虑，坚毅地回应了命运的挑战。所幸亲人已经康复，新著也将脱稿，真是可喜可贺了。伟大的艺术家罗丹，在他的名著《法国大教堂》中说过如下的话："精神必得经受痛苦才能释放思想。"我愿将这句金玉良言奉献给姜伯勤先生，以志多年友谊，并作为今后共同从事精神生产的座右铭。

2002 年元宵节
谨序于中山大学历史系

"中外交流历史文丛"总序[*]

回顾源远流长的中外关系,从双边互动的格局中感悟异质文化会通的必然性和合理性,这种超越胡汉、华夷之分的历史认识,是与近代的社会变迁相伴而来的。

西学东渐和边疆危机,在晚清学人中激发深沉的反思,催生出探索中外交流往事的先驱者。戊戌变法失败后亡命日本的文廷式,于穷愁孤愤中治学不辍,遗稿《纯常子枝语》40卷,广涉域外见闻和塞表殊俗,虽囿于环境和学力而识见未精,其学术视野毕竟是别开生面的。更具卓识的王国维,学贯中西,在清末撰作组诗《咏史》20首,讴歌了汉唐盛世的中华形象:

---

[*] 原载于林悟殊《中古三夷教辨证》,中华书局2005年版。又见于郭德焱《清代广州的巴斯商人》,中华书局2005年版;林英《唐代拂菻丛说》,中华书局2006年版;蔡鸿生《俄罗斯馆纪事》,中华书局2006年版;江滢河《清代洋画与广州口岸》,中华书局2007年版;章文钦《吴渔山及其华化天学》,中华书局2008年版;吴义雄《条约口岸体制的酝酿:19世纪30年代中英关系研究》,中华书局2009年版。

(十二）西域纵横尽百城，张陈远略逊甘英。
千秋壮观君知否？黑海东头望大秦。
（十七）南海商船来大食，西京祆寺建波斯。
远人尽有如归乐，知是唐家全盛时。

"西域"和"南海"，是中外交流的两大通道，汇聚着不同类型的古代文明，因内涵丰富多彩而成为中外交流的两大研究领域。《咏史》诗发其端绪，功不可没。饮水思源，后辈对先驱应有所敬畏，才可避免传统的断裂，从古色古香中辨认出前瞻性。正是观堂先生王国维，既开创一代学术风气，又孤明先发地提示了整套治学轨则。按陈寅恪先生所作的概括，共有三项："一曰取地下之实物与纸上之遗文互相释证"，"二曰取异族之故书与吾国之旧籍互相补正"，"三曰取外来之观念与固有之材料互相参证"。（见《〈王静安先生遗书〉序》）互证、互补、互参，三者合一成心法，"通识"的玄机便具有可操作性了。

依现行的学科分类，中外关系史属"专门史"。一旦定位于"专"，似乎就与"通"无缘了。这个错觉不廓清，中外交流的学术研究是难以提升境界的。钱锺书先生有一段针对性很强的劝学良言，但愿文丛的作者记取不忘："我们讲西洋，讲近代，也不知不觉会远及中国，上溯古代。人文科学的各个对象彼此系连，交互映发，不但跨越国界，衔接时代，而且贯串不同的学科。由于人类生命和智力的严峻局限，我们为方便起见，只能把研究领域圈得愈来愈窄,把专门学科分得愈来愈细。此外没有办法。所以,成为某一门学问的专家,虽在主观上是得意的事,而在客观上是不得已的事。"(见《诗可以怨》)有了这样的自觉,所谓专门史才有可能获得"通"的观照,避免走上由专入偏的歧途。

自20世纪50年代以来,中古以降的民族文化和中外交流,一直是中山大学历史系几代学人关注的领域。文丛的作者,尽管辈分不同、学有先后,但直接或间接都得到"二老"(陈寅恪和岑仲勉)教泽的沾溉,也受过戴裔煊、朱杰勤、周连宽诸位先生的熏陶。对有志于脱俗求真的来者而言,传承薪火与亦步亦趋大异其趣,切勿掉以轻心。杜甫《偶题》诗的佳句,不妨用作鞭策:"前辈飞腾入,余波绮丽为。后贤兼旧例,历代各清规。"精神生产的历史经验教导人们,要与时俱进、继往开来,才无愧于自己的时代。学海无涯,我们应当奋力潜研,甘于浮游的弄潮儿是没有出息的。

2005年1月8日
序于中山大学蒲园寓所

《吴渔山集笺注》序

明清易代之际，常熟吴渔山先生经历过世变的震撼，从悲愤、彷徨和孤寂的心路历程中最终走向"天学"，完成了由儒士到修士的精神蜕变。按其历史地位而言，他既是文化遗民，又是中西会通的先驱，可惜被画名和诗名所掩，吴氏超世脱俗、究心天人的思想光辉未能得到应有的显扬，真是一件憾事。

早在20世纪的30年代，史学前辈陈垣先生为了发潜德之幽光，曾广泛辑集画录和文集中的吴渔山事迹，撰成年谱和传略，既为吴渔山研究奠基，亦为吴渔山研究定调。他明确指出，吴氏"以诗画传道"，"为能接受西洋文明之先觉"。吴氏克己省躬，独辟境界，其诗品、画品和人品，在清初士大夫中确实难能可贵，值得后人

---

* 原载于（清）吴历撰，章文钦笺注《吴渔山集笺注》，中华书局2007年版。

景仰和追思。

章君文钦勤苦力学，承续陈垣前辈开创的研究课题，多年致力于吴渔山集的编纂、补遗和笺注，堪称"吴高士"的后世相知。本集中的《诗钞补遗》和《画跋补遗》，集腋成裘，甚见功力。至于所作的笺注，除得力于自身的学养外，还隐约可见陈寅恪先生诗史互证的教泽。第一，古典与今典。《澳中杂咏》第十三首"浪遶三山药草香"之句，古典"三山"出自《史记·封禅书》的三神山：蓬莱、方丈、瀛洲。今典则指广东台山县之上川岛，又名三洲或三山，为耶稣会士沙勿略埋骨之地。第二，教义与格义。《圣学诗》中有"若非死后权衡在，取义存仁枉圣贤"之句，笺注说明这是通过"格义"来"合儒"："仁与义皆为儒家道德规范。杀身成仁，舍生取义，体现了儒家圣贤的人生价值观。渔山认为若非天主掌握着赏善罚恶的权力，使取义成仁者的灵魂得升天堂，历代圣贤的人生价值，便无法体现出来。这种意思，亦类似明末徐光启，谓天主教有合儒、补儒的作用。"由上两例，可以看出章文钦先生为《吴渔山集》所作的笺注，具有训诂与阐释相统一的学术眼界，令人耳目一新。如果说他既有辑集之劳，又有探究之功，想必不至于言过其实吧。

《吴渔山集笺注》的问世，为明清之际的文化史和早期中西文化交流史的研究，呈献了一个精耕细作的文本，亦文亦史，可读可品。其中有继承，有创新，并不是轻而易举的。笺注者业精于勤的治学风格，渗透于字里行间。埋头苦干、务实求真,此风可长,但愿能够蔚然成风。

2006 年深秋
序于中山大学

《巴拉第与晚清中俄关系》序[*]

有清一代，中俄关系是一对极其重要的双边关系，为朝野所共识。按清朝"夷务"体制，俄罗斯为北地陆路通商之国，类乎"朝贡藩属"，因而比西方海运国家较受礼遇，享有在北京设馆驻使的优先权。体现这个优先权的，就是俄罗斯东正教驻北京布道团（俄罗斯馆）。它集商务、外交和文化功能于一身，虽无使馆之名，而有使馆之实，在历史上产生过一种绝不限于外交事务的影响。

俄罗斯馆史作为俄罗斯对华关系特定时期的缩影，是非常值得回顾的。陈开科博士的专著，以巴拉第与晚清中俄关系为研究对象，堪称缩影中的缩影，微而显、窄而深，大有裨于知人论世。巴拉第从修士辅祭到修士大司祭的升迁，与道、咸、同、光四朝的中俄关系连成一体。面对清朝的边疆危机和统治危机，他一向唯沙皇

---

[*] 原载于陈开科《巴拉第与晚清中俄关系》，上海书店出版社2008年版。

政府马首是瞻,正所谓"人在江湖,身不由己"。但巴拉第毕竟非同凡响,"老僧脚底从来阔,未必骷髅就此埋"。作为一名有教养的"达喇嘛",他以北京俄罗斯馆为基地,辛勤而又持久地研究儒、释、道的经典和满、蒙、藏的文化,卓有建树,终于成为介乎俾丘林与王西里之间的一代宗师,获得国际性的学术声誉。开科博士负笈莫斯科多年,拥有双语优势。他的专著,根据丰富的档案材料和文献资料,实事求是地为巴拉第写真,展示其政治生涯和学术生涯的时代特征,对其矛盾性的历史地位作出同情的理解,体现了"实事求是"与"知人论世"的统一。这种理性化的历史思维,学识兼备、史论结合,绝非灵机一动所能达到。

在著述的体例方面,该书也有所创新。附录的《巴拉第年谱简编》,简明扼要,勾画出谱主61年的生命历程。清代学者章学诚说过:"考次前人撰著,因而谱其生平、时事,与其人之出处进退,而知其所以为言。"本书为洋人撰谱,旨在知人知言,是继裘克安先生《莎士比亚年谱》之后的又一次尝试,值得称道。

在近代的世界汉学史上,西洋汉学、东洋汉学和俄罗斯汉学,本来是鼎足而三的。后者那种摈弃烦琐、经世致用的倾向,尤其独具一格,引人瞩目。可惜,限于语言和资料,俄罗斯汉学在我国学人心目中,长期疏离,并未得到足够的重视。至于巴拉第本人,除偶尔在陈垣先生著作中以"驻华东正教会拍莱狄斯主教"之名被提及外,几乎默默无闻,实为一大憾事。开科博士这部专著，以小见大，既评价了巴拉第的生平和学术，又揭示了俄罗斯汉学的起源、特色和发展道路，有助于拓展人们的历史眼界，进补填空，难能可贵，岂止是为书林增添异彩而已哉。

中俄关系史曾经是 20 世纪七八十年代的显学之一。进入新的世纪，前景更加广阔。随着学术新秀的涌入，这个研究领域必将人才辈出，不断呈现新的辉煌。

2006 年冬
序于中山大学蒲园寓所

《粟特商人史》中译本序[*]

粟特商人能与中国发生关系,既有经济因缘,又有文化因缘。千年前的悠悠往事,至今仍令人津津乐道,岂无故哉。

这群深目高鼻的商胡贩客,在中古时代,曾以两种方式入华。其一是"兴胡",家长制、小商队,从事边关贸易;其二是"贾胡",商主制、大商队,从事朝贡贸易。为了生财,必须祈福,因此,西域乡俗便随之而来。从高昌哈密,经河西走廊,到京、洛两都,胡味极浓的"祆庙",成了粟特商人的朝拜中心和娱乐中心。祆教之所以在三夷教中具有特别鲜明的商业背景,"琵琶鼓笛,酣歌醉舞"等胡乐之所以不靠职业性音乐移民便四处扩散,原因就在于此。

粟特人"善商贾"的习性,植根于自身的家庭结构之中。从诞生到成丁的伦理阶段,都有商业意识的灌输

---

[*] 原载于〔法〕魏义天《粟特商人史》,王睿译,广西师范大学出版社2012年版。

和传承。按《新唐书》和《通典》的记载，商业性的"洗礼"是逐步升级的：第一，婴儿祝吉，"生儿以石蜜啖之，置胶于掌，欲长而甘言，持宝若黏云"；第二，学书启蒙，"男年五岁，则令学书，少解则遣学贾，以得利多为善"；第三，成丁行贾，"丈夫年二十，去旁国，利所在，无不至"。以上的人生礼仪，构成粟特商业文明的源头。世间绝无天生的商业民族，让我们将神话还原为历史吧。

粟特商人的活动空间，并不限于中国。他们的足迹广涉欧亚大陆，穿梭于"四主"或"四天子"的权力格局之中，成为丝绸贸易的跨国商帮。名垂青史的安诺盘陀、史蜀胡悉和摩尼亚赫，就是6至7世纪集贸易与外交双重功能于一身的巨商。号称"粟特心脏"的何国（贵霜匿），据《新唐书》记述，"城左有重楼，北绘中华古帝，东突厥、婆罗门、西波斯、拂菻等诸王，其君旦诣拜则退"。这个顶礼膜拜的仪式，既是"四主"威慑力量的表现，也是粟特国际联系的缩影。但愿研究粟特商人史的人，不会忽略这项导向性的提示。

自1903年沙畹的《西突厥史料》面世以来，与突厥学同步兴起的粟特学，也取得长足进步，名家辈出、硕果累累，已经到了作出百年总结的时候了。现由王睿博士译成中文的《粟特商人史》，是法国魏义天（Étienne de la Vaissière）先生精心撰作的新著，具有继往开来的意义。作者立足于粟特城邦的独特性，放眼欧亚大陆的社会变迁，运用分析与综合并举的方法，构拟出粟特商业网络从 4 世纪到 10 世纪的盛衰图景，熔旧学和新知于一炉，达到历史与逻辑的统一。可以说，"昭武九姓"的商胡面貌，因魏氏此书而更加清晰、多彩和壮观了。

中国拥有粟特学的丰富资源，除文献和文书早已举世瞩目外，近年出土的石刻、壁画、墓志和胡俑，尤其令人耳目一新。"地不爱宝"，正是对学人发起的挑战。让我们群策群力，变资源优势为学术优势，以新业绩回报中外先驱的开拓之功。

2012 年 3 月
于中山大学

《中古胡名考》序[*]

中古胡名研究,是个荒僻的学术角落,历来人踪罕到,冷冷清清。即使缩小范围,像本书的体例,只限于九姓胡(粟特)人名,也依然荆棘丛生,令人望而却步。王丁先生知难而上,一步一个脚印,终于撰成专著,于无声处弹琵琶,可喜可赞。承他盛意,邀我写序,这虽属美差,却类乎叫"哑人作通事"。一旦应命,难免语不成声,只好比手画脚了。尚盼著者教之,读者谅之。

像粟特文本中的人名一样,汉语文本中的粟特人名也是碎片化而不是集成化的。为了将其整合成统一的研究对象,著者花大力气,到北朝隋唐时代的文献、文书、笔记、僧传、行纪、诗文和墓志中钩沉索隐,爬梳出大量汉译胡名和疑似胡名,条分缕析,集腋成裘。按其工作程序,可以说是一环扣一环的连锁考察:辑名、辨字、审音、释义、探源和证史。仅仅胡名的译音用

---

[*] 王丁《中古胡名考》,上海古籍出版社,待刊。

字，就涉及文书学、音韵学、训诂学和民俗学，真是牵一发而动全身。幸好王先生兼通中西语文，演练过"十八般武艺"，才能得心应手，顶住知识结构的多元挑战，举重若轻、化腐为奇。

人名是芸芸众生的文化符号。无论多音节还是双音节的胡名，都有或雅或俗的文化内涵。按其构成因素而言，既有历史性又有现实性，既有物质性又有精神性，既有土著性又有外来性，未可一概而论。从总体上看，可说是胡俗制约胡名，胡名反映胡俗。例如，中古时代的粟特男名，屡见意为奴仆的"盘陀"字样，其指向并非人际关系而是人神关系。不言而喻，祆神作为胡人的心灵主宰，根深蒂固、世代传承，命名时就难免挥之不去了。读者欲知其详，可到本书专章"胡名盘陀考"取证。

在解读有关胡名的历史文献时，人们往往会见到"译音无定字"的现象，似不宜据此就作出随意性的判断，不求甚解，致使胡名汉译成为不可知论。其实，某种译例是实际存在的。著者有鉴于此，所以在书中郑重指出："异时异地但是同名同写的现象殊堪注意，暗示背后似乎有一种唐代外事管理中对外语专名的规范化规定，当年由鸿胪寺统一制订，发布各地地方政府遵用。"虽然至今尚未发现这类官颁的译名手册，但提出这个猜想仍足以开人眼界，有利于追寻幕后的隐情。

胡汉关系，源远流长。"兴生胡"只有胡名汉译的问题，"土生胡"则胡姓加汉名者大有人在。这是胡人华化世代层次的差异,已经到达胡名演变的边缘了。著者别出心裁,在本书中提出"行第名"为何被胡裔袭用的新课题。对此,我一无所知,只记得人名的数字化,除同辈排序外,还有其他成因。近代掌故名家郭则沄(龙顾山人)在《知寒轩谈荟》中,引述过满、蒙、汉人以数字为名的佚闻,略云:"元制庶民无职者,不许取名,止以行第及父母年齿合计为名,其制虽于《元史》无征,然证以明太祖所称其兄之名,正是如此,其为元时令甲无疑。近代绍兴乡俗,亦多此例,如夫年二十四,妇年二十二,合为四十六,生子即名四六;夫年二十三,妇年二十二,合为四十五,生子或名五九,五九四十五也。"诸例虽与中古胡名没有直接关系,但仍足以提醒学人注意数字与行第的区别,避免将事物的相似性与事物的同质性混为一谈。

　　为了考释中古胡名,王丁先生若干年来孜孜以求、潜研发覆,其成绩有目共睹。他的新著,胜义纷呈,可说是对陈寅恪先生 1943 年发出的"吾国史乘不止胡姓须考,胡名亦亟待研讨"的号召,作了一次有系统、有深度的回应。虽然花未全开月未圆,但已经令人赏心悦目了。

2020 年 3 月 27 日
写于中山大学蒲园寓所

广州与海洋文明书序

《广州与海洋文明》序[*]

在我国东南沿海的城市中,广州的历史地位是十分独特的。比较来说,有些古代贸易港虽然曾经煊赫一时,到近代就一蹶不振了;反之,若干近代崛起的名城,则在古代历史上默默无闻。只有南海之滨的广州,自汉、唐、明、清延续到现代,上下两千年,历久不衰。这个现象,不仅在中国历史上独一无二,在世界历史上也是非常罕见的。

作为一个著名的通商口岸,广州是唐代"通海夷道"的起点,其市舶之利被誉为"天子南库",与封建时代的国计民生有十分密切的关系。世界航路开通之后,广州在东西方交往中的地位,更加蒸蒸日上。尤其从乾隆二十二年(1757)清廷专限广州一口通商,至咸丰六年(1856)"亚罗"船事件,在这跨越18—19世纪

---

[*] 原载于蔡鸿生主编《广州与海洋文明》,中山大学出版社1997年版。

的整整百年中，广州完成了从古代贸易港向近代通商口岸的转变，季节性的"互市"被形形色色的"夷务"所代替。洋行、教会、买办、西医院、新闻纸等，以双管齐下之势，使西洋物质文明和精神文明在广州汇聚，并向内地扩散，成了中华大地得风气之先的"南风窗"。乾嘉年间的扬州方言，曾流行过所谓"想发广东财"的民谚，说明江南的社会心理已经打上岭南经济现实的烙印。至于广州口岸的辐射能力及其对吏治、士习和民风的影响，就不在这里细说了。

从学术史来看，广东学者对广州口岸的研究，起步是很早的。清初的屈大均，不仅在《广东新语》中记述了洋舶和洋货，还在诗歌创作中发出忧国忧民的感慨："洋舶通时多富室，岭门开后少坚城。"到了道光年间，海警初开，梁廷枏就网罗当时的中外资料，写成《粤道贡国说》《粤海关志》《夷氛闻记》等海防书籍，为这个研究领域提供了一批奠基性的著作。前辈学者筚路蓝缕开创的传统，是十分可贵的。在开放、改革的今天，尤其应当继承和发扬。

如果放眼国际学术界，也同样可以感受到加强广州口岸史研究的迫切性。早在1964年，一部四卷本的研究广州口岸的专著《中国与西方——十八世纪的广州商务》，已在巴黎出版。最近20年，仅仅关于费城人在广州的贸易活动，美国就出版了几种专著。1984年，为纪念美国商船首航广州二百周年，又有《中国皇后号》一书问世。荷兰学者1982年在海牙出版的《瓷器与荷兰对华贸易》，详细记述了乾隆年间荷兰东印度公司在广州的商业机构和商业活动。加拿大1973年出版的一部《海运毛皮商船志》，逐年著录了从美洲西北岸贩运皮货来广州的商船名称、船长、吨位、停泊和返航日期，对研究1785—1825年的广州口岸，有特别重要的资料价值。18世纪远销俄国的大批广州珐琅器工艺品，在1988年莫斯科出版的《国立艾尔米塔什博物馆的中国珐琅藏品》一书中也有详细叙录。这些西方著作，广泛涉及海运茶、外销瓷、北皮南运，乃至十三行和粤海关的历史，是不可忽略的。此外，论述广州口岸出现的西洋事物，如1983年美国印第安纳大学出版的《广州博济医院与十九世纪的医学》之类的专书，就不一一列举了。

相比之下，我们关于广州口岸史的研究成果，显得十分薄弱：门类不齐、课题陈旧，有些方面甚至成片空白。面对日益频繁的学术交流，有时就难免处于被动的地位。1985年夏季，一位年逾古稀的美国学者，在老伴陪同下专程从西雅图来访，希望了解一点18世纪广州毛皮贸易的文书或遗物，结果未能达到预期的目的。1990年1月，又有一位瑞典历史学家，为了研究乾嘉时代瑞典东印度公司的对华贸易，带领两名助手专程从哥德堡来广州进行学术访问和实地考察。在座谈中，客人问得很细。我们只是临时查阅历史资料，略加介绍，谈不上有什么真知灼见。

在回顾了上述几个方面的情况之后，我想提出一点加强广州口岸史研究的倡议。经费、资料和规划，本来是题中应有之义，但空谈容易落实难，暂且不必多费笔墨。我在这里只想澄清一个概念，就是口岸史不等于外贸史。从历史上看，精神舶来品与物质舶来品形影不离，几乎同步登上广州口岸。用不着追述"胡僧"与"蕃客"同舶来粤那样古老的故事，仅以清代为例，洋商与洋教，就是两大"夷务"。道光年间广州的"巴斯"，身兼港脚商人和拜火教徒两重身份，他们的墓碑至今还遗留在黄埔长洲的丛林杂草间。清代诗文常见的"西洋四镜"，既是奇器又是科技，岂不是"双料"舶来品。因此，口岸史的研究，应当是经济史和文化史的综合研究。既不能见物不见人，更不能见"器"（物质文化）不见"道"（精神文化）。可以设想，如果有人致力于广州与海洋文明的研究，持之以恒，不断地拓展史料，不断地深化论题，不断地改进方法，坐他五七年冷板凳，一定可以在历史认识上令人耳目一新。收入本文集的八篇论文，就是关于这个研究课题的尝试。其中分别探讨从中古到近代经"蕃舶"和"洋舶"传入广州的南海文明和西洋文明，点点滴滴，不成系统。编者虽有集腋之劳，而无成裘之功。汇编是为了汇报，敬请读者批评指正。

季羡林先生十分关心中山大学中外关系史的学科建设，为文集题写了书名。前辈寄望殷殷，后辈各宜自勉。学海无涯，我们应当努力潜研，甘于浮游的弄潮儿是没有出息的。

1997 年暮春 3 月

《广东十三行考》1999年版序[*]

《广东十三行考》初版于1937年，著者番禺梁嘉彬，时年仅27岁。

20世纪30年代，尽管国运危机四伏，文运却相当辉煌，可说是中国现代学术的一个花季。在中西会通的潮流激荡下，文史之学的名篇巨著成批涌现，令人叹为观止。陈寅恪的《四声三问》、陈垣的《元秘史译音用字考》、胡适的《醒世姻缘传考证》、钱穆的《先秦诸子系年》以及向达的《唐代长安与西域文明》等，都是在这个时期问世的。当年风华正茂的梁嘉彬先生，身逢其盛，奋励潜研，为文化、为社会，也为自己的先人，呈献了十来万字的《广东十三行考》，堪称30年代学术上的"岭南佳果"。这部才气横溢的少作，经过数十年的风风雨雨，如今已成为蜚声学界的传世之作了。

广东十三行的历史，是在朝贡体制向条约体制转变

---

[*] 原载于梁嘉彬著，岭南文库编辑委员会、广东中华民族文化促进会合编《广东十三行考》，广东人民出版社1999年版。

的过程中展开的。与同时代的徽商和晋商相比，它的浮沉更受"夷务"的牵制，具有既显赫又悲凉的独特面貌。17世纪的岭南士大夫，已经有人从"洋气"中觉察到隐忧了。例如，清初的屈大均，固然写过"银钱堆满十三行"的名句，但诗人毕竟比商人有更高的警悟，他还发过这样的预言："洋舶通时多富室，岭门开后少坚城！"往后的事实，一次又一次地证明屈氏眼光的超前性。广东行商以广州口岸为地盘，处于清代中西经济关系的风口浪头，长期经受着来自官、夷两面的高压，一贯发育不良。随着岁月的推移，其依附性和软弱性有增无已。为了在逆境中挣扎，竟酿出"商欠"的致命伤，债台高筑，终于从洋场走向自己的坟墓。梁嘉彬先生作为行商的后代，对往事别有会心，他是带着"了解之同情"写书的。情之所至，难免字里行间会有"发潜德之幽光"的微意流露。不过，学人的理性毕竟占了上风。通过对中西历史文献的精勤爬梳，将广东十三行的起源、沿革、盛衰和功过条理化地叙述出来，形成了一首节奏分明的行商制度之歌。全书所考，立足实证，纲举目张，至今仍保持着作为奠基性著作的学术价值。

任何学术领域，都含有进一步开发的前景，广东十三行研究也不例外。继梁氏之后，探索者仍不乏其人。从海内外的近期情况看，这个课题正在向深处发展，而且，研讨的旨趣似乎越来越多样化。行商家庭的个案研究，首先是潘氏、伍氏两家，已取得明显进展。作为十三行的贸易伙伴，广州"夷馆"史历来少人问津，现在已经略启端绪,对荷兰馆和瑞行作出一些初步的探讨。从事"港脚"贸易的巴斯商人,被冷落多年后,也开始进入研究者视野了。至于那个导致行商沉沦而令人寒心的"商欠"问题,其前因后果的剖析,同样取得可喜的进展。除此之外,清代广州行商的西洋观,以及十三行在中外文化交流中的作用,也作为新课题提上研究日程。可以预期,被定位于经济、社会和文化交叉点上的广东行商史,是有希望与广州口岸史的研究同步繁荣的。

梁嘉彬先生1995年病逝于台北。他的名著《广东十三行考》,如今已成为遗著了。这次新版的印行,不仅为"岭南文库"增添一个名贵的品种,同时也意味着梁先生的精魂重返番禺故里。作为晚生后学,我认为两者都是令人欣慰的。

1999年6月24日

谨序于中山大学

"广州与海洋文明系列"丛书总序

广州位于南海之滨,从古代贸易港到近代通商口岸,走过了漫长的路程。它的地形地物,长期被形容为一艘"大舶",即巨型海船:"花塔、光塔为一城之标,形胜家谓会城如大舶,二塔其樯,五层楼其舵楼云。"(屈大均:《广东新语》卷一九)"会城如大舶"一语,尽管出自"形胜家"即风水先生之口,却浓缩着通海放洋的悠久传统,提示后人对广州与海洋文明的关系,必须给予高度的关注。

时至今日,在广州历史研究中,如何把"舶"字做深、做活、做大,似乎还是有待探讨的问题。蕃舶被洋舶所代替,与和平贸易变成商业战争有什么关系;唐宋时代的舶商与近代形成的"公班衙",在贸易体制上差别何在;古代的舶牙与清代的行商各自形成什么样的"南海观"和"西洋观";"舶来品"的经济内涵和文化内涵应当作何理解;登岸后的精神舶来品和物质舶来品有何不同的命运;西学东渐,广州首当其冲,"舶来"

---

* 原载于蔡鸿生主编《广州与海洋文明》,广东人民出版社2003年版。

与"舶去"的互动关系究竟怎样；缺了一部《广州洋舶录》，载体无影无踪，海港岂不成了空港？如此等等。倘若没有不断地拓展史料，不断地深化论题，不断地改进方法，要想做好"舶"字这篇大文章，对"华夷估舶自成群"（魏源句）的广州作出中西会通的历史阐释，恐怕任何妙笔都是难以生花的。

为了推动"广州与海洋文明"的研究，市方志办不遗余力，惠予立项，及时地组织了这套知识性丛书的编写工作。承担各个专题的执笔人，都是学有专长的后起之秀。限于体例，他们虽有厚积而只能薄发，化大力来写小书。难道这就是英雄无用武之地？西方有句谚语颇能开人心窍："宁可做小的大作家，不要做大的小作家。"只要在大小之间确定理性取向，缩龙成寸，以小见大，就不会妄自菲薄了。我们要以卓越的史学前辈为榜样，新会陈援庵先生的名著《清初僧诤记》，气格那么高，学术含量那么大，篇幅却只有5万字，堪称"伟大的小书"。面对着潮水式的"泡沫学术"，让我们心明眼亮地取法乎上吧。

"广州与海洋文明系列"丛书的出版，可说是群策群力、集腋成裘的一次学术协作。集腋之劳，分属执笔人；成裘之功，应归方志办。至于我自己，无非是一个吹鼓手的角色，虽应命撰序，其实奏不出什么雅韵高潮，只不过说几句想说的话而已。

2002年8月28日

写于中山大学

《广东十三行与早期中西关系》序

章文钦先生的专著《广东十三行与早期中西关系》,由一系列专题研究整合而成,凝聚着多年潜研的心得。既有集腋之劳,又有成裘之功。作为一名同事和同乡,对文钦先生在这项中年硕果表现出来的独创性和会通性,我不仅赞赏和企羡,而且,也是津津乐道的。于是乎,便责无旁贷地扮演起撰序的角色。

岭南学人对广东十三行的研究,起步甚早。70多年前,番禺梁嘉彬先生已写下奠基性的著作。尽管蜚声学界,可惜继者寥寥。究其原因,也许是由于行商史犹如遗民史和红妆史一样,在高唱战歌的"史学革命"中,是难免被打入冷宫的。所幸文钦先生早岁师从戴裔煊教授,研治澳门史,深知行商制度对广州口岸的重要性。经过言传身教和潜移默化,在他身上终于留下不怕"冷"的师门烙印:甘于坐冷板凳,敢于钻冷课题,善

---

* 原载于章文钦《广东十三行与早期中西关系》,广东经济出版社2009年版。

于作冷处理。近十余年，他不仅辑录和笺注过明清时代的澳门诗，还点校过大量清代澳门中文档案，从而扩大了行商研究的史料基础，并拓展了研究领域。综合与分析并重，本书论述的"商欠"问题和对潘氏、伍氏的分行研究，足以为证。所有这些，说明章文钦先生不愧为广东十三行学术史上的后起之秀。梁嘉彬前辈如果地下有知，相信也会乐于"沙弥说法沙门听"吧。

从历史上看，广东十三行的经济活动，一方面是在朝贡体制向条约体制转变的过程中展开的。和平贸易被商业战争所代替，日益成为国际交往的时代特征。另一方面，十三行的贸易，又是一种典型的跨文化贸易。古色古香的儒化粤商，面向世界并不等于走向世界。广州口岸的洋商，是来自西洋的各种商人群体，无论文化背景、生活方式，还是商业理念，都与行商大异其趣。可以说，"味氏"是多味的，跨文化交易是多彩的。因此，为了深化广东十三行史的研究，应当超越单一性的认识，从经济史向社会和文化史伸张，把行商制度与口岸文化结合起来，在立体化和动态化的格局中求新知。

学海无涯，风光无限。章文钦先生壮而未老，期待着他作出百尺竿头更进一步的努力。该说的话说完了，最后，借用刘禹锡的佳句，为拙序作结：

自古逢秋悲寂寥，我言秋日胜春朝。
晴空一鹤排云上，便引诗情到碧霄。

2009 年 4 月

《美国人在广州（1784—1912）》序

梁碧莹教授的新著《美国人在广州（1784—1912）》即将出版，约我写几句话以当喤引，并志多年同事之谊。受命之际，我想与其泛泛而谈，还不如从此时、此地、此人说起，也许更能避虚就实，以免序言变成套语。

2014年是美国商船"中国皇后号"首航广州二百三十周年，此书应时面世，其历史意义和现实意义自不待言。中山大学的现址康乐园，是美国教会创办的岭南学堂的故地。梁书作为康乐园人文学科的新产品，具有雅俗共赏的"南学"特色。梁碧莹教授既是土生土长的广州人，又是康乐园里一位勤敏静默的杰出学人，三十年如一日，持之以恒研究早期中美关系，根深叶茂，著述甚丰。这一回，应算是老树开新花了。上举三端，堪称天造地设，得其人矣。

历史的根很长，穿越百代才延续到今天。早在明末清初，广州流行过一个倒果为因的风水传说："花塔、

---

* 原载于梁碧莹《美国人在广州（1784—1912）》，广东人民出版社2014年版。

光塔为一城之标,形胜家谓会城如大舶,二塔其樯,五层楼其舵楼云。"(《广东新语》卷一九)形象化的"大舶"取譬,集中表现出广州口岸外向型的经济特征,及其从市舶时代向洋舶时代转变的历史趋势。所谓"洋气",无非就是欧风美雨,首当其冲者正是广州。因此,将广州口岸史与中美关系史结合起来,才有可能作出历史与逻辑统一的考察,从中探求后来居上的"美雨"何以"虽非驯服,尚少刁顽"(两广总督李鸿宾语)的缘由。除了题旨富有新意外,这部新著还有一个结构上的特色,就是以人物为主体,但又不是列传的组合。全书按历史序列和社会类型,记述了美国人在广州的形形色色:商人、传教士、医生、游客、教师、使节、税务司,乃至格兰特总统的中国之行,等等。所有入选的人物,均被置于历史网络之中,有血有肉、有声有影,虽同属"花旗",但没有被脸谱化,当然也就不会有惟褒或惟贬的绝对化了。

历史学的功能是知人论世。历史研究要以人为本,从人出发,向人回归。梁碧莹教授的《美国人在广州(1784—1912)》,以翔实的资料和清新的文笔,构建了一个各具面目的人物画廊,包含着丰富多彩的历史情节,可读、耐看、有益。我祝贺她在退休之年退而不休,竟能作出如此平实而不平凡的奉献。

2014 年 6 月
于中山大学

《广州匠图志》序*

在深化改革中呼唤工匠精神，振奋人心，催人奋进。这个响彻南北的时代强音，也唤起人们对"广州匠"的历史记忆，并触发工艺制造如何继往开来的理性思考。

明清时代，随着市舶贸易向洋舶贸易转变，经济交往的空间由南海扩大到西洋。作为卓越的工艺群体，"广州匠"并不是突发式登场的。其精工细作之所以出类拔萃，是因为拥有地缘优势、资源优势和技术优势。此事尽管说来话长，却不妨长话短说，下面就来作个简略的回顾。

广州位于南海之滨，是"海上丝路"的地理枢纽。早在汉代，已被称为一大都会。到了唐代，声势更盛，被确认为"通海夷道"的起点，航线远达波斯湾和非洲东岸。著名的"广府"，既是市舶贸易的发源地，又是市舶制度的创新区。一系列海外交通的创举，都是在这

---

* 原载于蔡鸿生主编《广州匠图志》，广东人民出版社2019年版。

里先行先试的：一是设市舶使，二是置市舶司，三是立市舶法，四是办市舶宴。从官制到礼仪，市舶事务逐步制度化，形成完备的"广州模式"。宋神宗元丰三年（1080），经朝廷诏令向广西、福建和浙江"委官推行"，地方性的"广式"法规，终于升格成为官方定式。

市舶时代的广州模式，到洋舶时代发生显著变异，这是海洋世界的社会变迁所导致的结果。从渊源来说，制度转型是有旧辙可循的。例如，粤海关与市舶司，夷馆与蕃坊，行商与舶牙，译人与唐帕（通事），等等。因此，广州口岸的传统工艺部门，犹如近水楼台，可以先得"洋气"（西洋文明）。其外销渠道也较前扩展，由印度洋延伸到大西洋。新的机遇营造出有利的生态环境，驱动广州货源源不断地走向世界，又倒逼"广州匠"必须与时俱进、精益求精。

人事有代谢，往来成古今。从现实回望历史的深处，"广州匠"先驱的身影，似乎隐约可见。早在东晋时代，广州已出现制作"象牙细簟"的能手，象牙必须经过切割篾化之后才可织席，其难度可想而知。到了唐代中期，又有南海奇女卢眉娘，巧绣《法华经》和善作"飞仙盖"，名动京师。此女效力掖廷后归隐罗浮山，绝技随之失传，真是广绣的一大憾事。唐代的岭南佛门，也曾有过一座以舶来白檀为原料的广式木雕，它是"广州匠"群策群力、旷日持久的杰作。唐玄宗天宝十年（751），高僧鉴真和尚路经广州，亲睹其物，亲闻其事："开元寺有胡人造白檀《华严经》九会（指三段三面变文雕像),率工匠六十人,三十年造毕,用物卅万贯钱,欲将往天竺。采访使刘巨鳞奏状,敕留开元寺供养,七宝庄严,不可思议。"① 胡、汉交融,堪称"天竺样,广州匠"的文化佳话。宋代是市舶贸易的黄金时代,输入广州的舶货,以香料为大宗,和香、印香是当年的尖端技术,非匠心独运者是无从操作的。正是广州人吴兴,成了秘制"心字香"的祖师爷:"法以佳沉香薄劈,着净器中,铺半开花,与香层层相间,密封之,日一易,不待花蔫,花过成香。"② 在南宋首都杭州,竟有一位还俗道士,成了"番禺黄氏心字香"的仿制者。可惜当年尚无专利权,此事也就不了了之。

从古代到近代,通过传承和创新,广州的工艺世界日益多样化和精致化。本书限于篇幅,只能简略记述如下门类:广绣、牙雕、家具、成扇、座钟、广彩、珐琅瓷和外销画。这批传世的精品,因"巧夺天工"而淡出实用领域,但时至今日,依然是南粤人杰地灵的物质象征。

按照事物的客观逻辑,阳春白雪与下里巴人无缘。高端产品只能被高端消费所吸纳,出自工匠之手,落入贵族之家。尽管如此,我们仍然坚持创造高于享受的经济伦理,开门见山,自道心曲:本书的主旨是颂扬"广州匠"的创造性劳动,与为奢侈品唱赞歌是大异其趣的。

---

① 〔日〕真人元开著,汪向荣校注:《唐大和上东征传》,中华书局1979年版,第73-74页。

② 黄震:《黄氏日钞》卷六十七。

《清代广州海幢寺外销画》序*

清朝乾隆盛世（1736—1795）的末年，诗人袁枚（1716—1798）从江南到岭南游历。他逸兴遄飞，诗情泉涌，速写了一幅珠江两岸华、洋、僧、俗并存的广府风光：

> 教侬远上五羊城，海寺花田次第经。
> 沙面笙歌喧昼夜，洋楼金碧耀丹青。

"海寺"是海幢寺的简称，位于跨江环形游览线的中心，与洋楼成排的十三行商馆区遥遥相对，构成五羊城的一大景观。

在广州著名的佛教丛林中，海幢寺是后起之秀。据阮元主修《广东通志》云："海幢寺，在河南。盖万松岭福场园地也。旧有千秋寺址，南汉（905—971）所建，废为民居。僧光牟募于郭龙岳，稍加葺治，颜曰

---

* 原载于释光秀编著《清代广州海幢寺外销画》，中华书局2023年版。

'海幢'。僧池月、今无次第建佛殿、经阁、方丈。康熙十一年（1672），平藩（尚可喜）建天王殿，其山门则巡抚刘秉权所建也。有鹰爪兰，为郭园旧植，地改而兰仍茂，以亭盖之。有藏经阁，极伟丽。寺中龙象庄严甲诸刹。"这个正统的叙事框架，未免以偏概全，应当有所修正。其实，作为清初广州的名刹工程，海幢寺的扩建、崛起到臻于"伟丽"，不能仅仅归结为高官和高僧的联袂功德，其中也包含有广大僧众和信众的辛劳。自称"半生营一寺"的今无法师（1633—1681，俗姓万，番禺人），深知非群策群力则法事难成。因而，在为亡僧儵举葬仪举火时，他念念不忘其人其事："汝住此地二十余年，当壬寅（1662）以前我先师翁来往芥庵、海幢时，此地尚未兴起，常住亦未成就，往来人境，皆无久住之心。而儵举于此时不问成与不成，不问地之大小，不问人之去住，止知有一个常住，其中一草一芥，尽意护念。及壬寅以后日见兴起，日见成就，常住将成，人心已固，儵举唯有生欢喜心。一江风雨，冰雪满途，一蓑一笠，总无歇时，乃至砖头木楔，钩锤绳索，秤尺权衡，无不毕备于五尺单前。取用临时，只讲实事，不问有为，食大众之残食，不设帐以卫蚊，衣百结如寨彩。凡人发心修行，护惜常住如儵举者，行之甚苦，行之无名。"可见，海幢寺的创业史，不由佛营，不由神造，也不由达官贵人施舍，从根本上说，是由劳形励志的无名之辈拼出来的。

清初的海幢寺，不在城内，而在近郊，可谓得天独厚。正如今释法师在《募建海幢寺疏》中所说："海幢之地，带珠江一水，近城郭而不嚣，入山林而不僻。潮汐吞吐，峰峦照映，烟云浮没，势高显而形平正。"这样的地理优势，当然比光孝、华林、六榕、长寿等城区寺院，更适合乾嘉时代处理海事和夷务的官方需要。因而，接待"粤道贡国"的差事，便一而再、再而三地落在海幢寺身上，使它不由自主地敞开山门，成为涉外事务的临时会所。乾隆五十七年（1792）年英国的马戛尔尼使团，乾隆五十九年（1794）年荷兰的德胜使团，以及嘉庆二十一年（1816）年英国的阿美士德使团到来时，都是在海幢寺安排了清朝命吏与西洋使节的会晤。随后，两广总督又给予留粤洋商一项郊游权利，每月定期定额准其前往海幢寺，"听其游散，以示体恤"。从此之后，海幢禅林就既染洋气，又闻市声，由隐而显，名扬海外了。它在国际上的知名度，远远超出人们的想象，不仅见于报纸、游记、书信、回忆录，甚至成为20世纪西方某些海洋小说和童话的素材，堪称一张激发洋人游兴的"广州名片"。

寺院蜕变成熙熙攘攘的景点，难免淡化了它作为修持胜地的尊严。幸好海幢寺有深厚的文化底蕴，才免于精神上的沦落。海幢刻经坊，是清代广州著名的印刷中心。寺僧募捐，信众集资，共创盛业。自乾隆中期至嘉庆年间，蒸蒸日上。流播海外的"海幢刻本"，为英、法、德、美、日、澳等国所收藏，被视为清代岭南文化的奇葩。

海幢寺又是文人雅集之所，诗僧辈出，甚至享有"海幢诗派"的美誉。涉川上人（1792—1858，俗姓郭，端州人）的《片云集》，就是从蒲团走向诗坛的代表作，难怪晚清诗人倪鸿给予亦禅亦雅的高度评价："语言文学总堪称，况复禅参最上乘。传得天然好衣钵，海幢寺惯出诗僧。"

作为清代通商口岸的著名寺院，广州海幢寺在其发展过程中，逐渐形成外向型和社交化的世俗特征。虽引发不出海宇苍生的香火因缘，却提供了外销画的重要题材，由浅入深地影响了西方人士对羊城风物的历史记忆。本册图录印制的海幢寺组画，是珍贵的文化遗存，从中可以了解寺院的总体布局和单座建筑的具体面貌。这种形象化的史源，表现的重点是物而不是人，其视觉效果只能是"静悄悄"而不是"闹哄哄"的。但愿读者能够叩寂寞以求音，读出海幢名刹的历史内涵和文化内涵。于欣赏壮丽的景象之后，追寻建筑群的沧桑感，由画面的几何秩序透视社会变迁，从而在观念上达到图与史的统一。

"佛法在世间，不离世间觉。"祝海幢寺与时俱进，在佛教中国化的路上，提升境界，再现辉煌。

2020 年仲夏

师友文集序

《徐松石民族学研究著作五种》序言[*]

在中华文化的百花丛里,民族研究是一朵古老而又新鲜的奇葩。如果以光绪二十九年(1903)林纾翻译德国学者哈伯蓝《民种学》一书为开端,那么,西方近代民族学传入中国至今才九十年,自应归入"新学"之列。不过,要是从本土文化来追溯学术渊源,我们的目光就不能不投向遥远的过去。早在商周时代,已有关于"鬼方""玁狁"的记载。到司马迁写《史记》,正式为"南越"和"西南夷"等族类立传,便开创了夷夏兼备的古典体例。此后世代相承,在正史、官书以及若干私家著述中,都可找到汉族以外的多民族历史记录。至于

---

[*] 原载于徐松石《徐松石民族学研究著作五种》,广东人民出版社1993年版。

乾隆十三年（1748）奉敕编撰的《皇清职贡图》，则是一部粗具规模的民族志了。如此源远流长的民族研究传统，加上西方输入的田野工作方法，到20世纪30年代逐渐汇成一股学术新潮流，旧闻新知，交相辉映，大放异彩。摆在我们面前的《徐松石民族学研究著作五种》，就是顺应这股新潮流的一系列精神产品。朴素的外观包含着精湛的学识，切莫等闲视之。

徐松石先生籍隶客家，生于岭南，长于淞沪。皈依基督之后，虽长期担任牧职，但仍以"一介寒儒"自喻，对文化学术一往情深，无限眷恋。他曾经这样夫子自道："作者生平有三大兴味，第一是传道，第二是教学，第三是研究史地。"在长达半个世纪的漫长岁月中，松石先生内养外济，卓然自立，布道著书，成一家言。他于1927年、1935年、1938年和1940年，屡次乘边疆布道之便，深入瑶寨壮乡，访古问俗，锲而不舍。经过多年潜研，取得丰硕成果，于1938年和1947年先后出版了蜚声学界的《粤江流域人民史》和《泰族僮族粤族考》，在族源辨识、族属分布和音义探源诸方面，创获良多，首倡"盘古伏羲同一说"，被誉为研究岭南民族历史文化的著名先驱之一。50年代以后，松石先生寄寓香江，进一步拓展自己的研究领域，力学精思，在更广阔的空间范围追寻华夏文化的遗存及南粤先民在海外的遗迹，写成《东南亚民族的中国血缘》和《日本民族的渊源》两部专著。至1971年，又奋其余力，整理旧稿，成《百粤雄风　岭南铜鼓》一书，对传世铜鼓的制作、类型、纹饰和功能,进行精详论证,把铜鼓文化的研究推向一个新阶段。难怪他赋诗抒怀:"蟾鼓揭开双鬓改,一腔心事万行书。"上列五书,刊于异时异地,今结集影印,使徐氏之学得以在海内再现,这不仅有助于对岭南文化的结构、特色及其与中原文化的双向交流增进了解,同时,也有助于加深对中华文化多元一体格局的认识(详见费孝通《中华民族的多元一体格局》),相信会受到学界的欢迎和重视。

事实上,前辈学者对松石先生的学术成就,早有公正评价。罗常培教授在其名著《语言与文化》中,采用《粤江流域人民史》对"那""都""古""六"等壮语地名的考证,探寻民族迁移的踪迹,得出令人信服的结论。著名铜鼓艺术专家石钟健先生,在1981年为《中国古代铜鼓》作序时,也表彰松石先生"为我国铜鼓研究打下了坚实的基础",称其是"学问渊博,识见高远的学者"之一。

松石先生的论著,既有鲜明的学术风格,又有独特的治学方法。匠心独运,非同凡响。早在少作问世之时,他已有如下的自白:"作者在考证上所用的方法很多。最主要的一种,乃从地理而推测历史,用地名以证实古代的居民。自问这个'地名研究考证法',对于中国古史,尤其是西南部份的研究,确有特殊的价值。"在研究工作的长期实践中,他积累并分析过大量的原生地名和派生地名,从中概括出若干地名模式,构拟了文献失载的民族迁移的历史图景。小材(地名)大用(古史），化腐为奇，其有功于当代学术，是毋庸赘言的。

作为本世纪的同龄人，松石先生走过一条学者兼牧师的生活道路。他一身二任，学术著作中洋溢着四海一家的博大胸怀；同时，字里行间又往往流露出悲天悯人的宗教情调。这里不妨举出一段颇有代表性的言论："岭南铜鼓，百粤雄风。挪亚方舟，万灵恩遇。铜鼓指向方舟，方舟指引铜鼓。铜鼓纪念救人身体，方舟纪念救人灵魂。这两件事彼此相关，同样值得我们的传扬和歌颂。"诸如此类，见仁见智，读者诉诸自己的理性好了。

松石先生已年登大耄，依然身心健胜。著述之余，时有佳什。寓美近作《铜鼓怀思八咏》之三有句云："百粤流芳红日照，中华文物故园思。"是的，岁转星移，故园换新颜。如今丽日南天，花香满路，一派生机。我们祝愿93岁的徐老先生，"雄风"常驻，指日东旋，再作百粤游！

         1993年3月，谨序

《华人发现美洲概论》序

国际学术界探讨华人发现美洲之谜,如果以1752年(乾隆十七年)法国学者德经首创的"扶桑即墨西哥说"为开端,迄今已有两个半世纪的历史了。众说纷纭,各生妙解,可说是这个学术领域的显著特征。

早在20世纪20年代,徐松石先生已经初步揭示过美洲印第安文化的华夏渊源,经过长期的潜心研究,到晚年写成这部兼有史识与诗情的概论,才了却一段蓄之已久的心事:"作者有机会把华人开辟美洲史绘成一个完整的轮廓,半生的心血消磨,总算非虚掷了。"(本书第十八章)与他早年发表的《粤江流域人民史》和《泰族僮族粤族考》相比,徐氏之学的路向,显然已从岭南史地伸展到跨太平洋文化关系的研究了。难道这是由实变虚吗?清代著名史家章学诚(实斋)在一封《与陈鉴亭论学》的信中写道:"古人著书,晚年别有进境,世人无由窥测,转谓后不如前。"松石先生的学术生涯,

---

* 原载于徐松石《华人发现美洲概论》,广东人民出版社1996年版。

与"古人著书"颇有相似之处,绝不是"后不如前",而是"晚年别有进境"。

按照个人的"窥测",松石先生解开华人发现美洲之谜,其意匠经营是独具经纬的。与取证迂远的"殷人东渡论"不同,徐氏从闽粤文化的海洋背景出发,探求东南沿海先民在大洋彼岸的历史遗痕;同时,又与其他学者局限于一次性发现的观察相反,构思出古代"移民潮"的可能形态,淡化了个人漂流的神话色彩,从而排除历史的偶然性,用史迹来代替奇迹。如此等等,犹如国画在笔墨间透出神韵一样,徐氏的《概论》也表现出一位学力与经验双全的民族学家对历史现象的洞察力和敏感性。博综贯串,阐发要妙;苦思力索,自发心光。对94岁的徐老先生来说,难道还不算"晚年别有进境"吗!

当然,华人发现美洲之谜,至今还是一宗东西方聚讼的学术公案。松石先生的《概论》,只是一家之言。其中有论证、有分析,也难免有推断、有猜想。学如积薪,后来居上。但愿有更多新进的学人,投身这个研究领域,追踪前贤,继往开来。有朝一日,"雏凤清于老凤声",相信胸襟博大的徐松石先生,一定会鼓掌欢迎的。

1994年11月
谨序于中山大学

学问求通　承前启后
（《汤明檖文集》代序节选）*

汤明檖教授是一位明清经济史专家。他的主攻方向，可以说是专门史中的断代史，或断代史中的专门史，具有"尖端"的明显特征。但他任何时候都没有以"专"自炫，而是反复强调"通"的重要性。人们往往限于"专"或"博"的对比和区分，而他则以"通"字作为自己追求的学术境界。这不仅符合中国的学术传统，而且也顺应当代的学术潮流。

自从司马迁提出"通古今之变"的主张以来，历代学者致力于此者大有人在。《三通》的出现，就具有典范的意义。在古代学者心目中，"通"比"专"居于更高的学术品位。王充的《论衡》早已指出："能说一经者为儒生，博览古今者为通人。"在现代学术界，陈寅恪先生力主"通识"，钱锺书先生提倡"打通"，这对

＊　本文节选自《历史研究的学术精神与学术规范》（《汤明檖文集》代序，广东人民出版社 1997 年版），为蔡鸿生先生作。

由专入偏的"流行病",同样有救弊之功。汤明檖教授对《柳如是别传》和《管锥编》二书,推崇备至,绝不是偶然的。

80年代中期,汤明檖教授从法国讲学归来,在"学问求通"的问题上,认识又有了新的发展。他赞赏"年鉴学派"的学术眼界,认为"长时段"的理论使"历史感"在一定程度上具有可操作性,不再那么难以捉摸了。因而,"总体史"是值得尝试的。为此,他对自己的书稿重新构思,力求在隋唐时期的社会经济史中推陈出新。可惜,这个愿望由于他过早去世未能实现。才未尽而寿已终,岂止是他个人的不幸!

在学术工作中,汤明檖教授谦虚谨慎,对承先启后具有高度的责任感。他摆正自己在"人梯"中的位置,不遗余力地整理梁方仲教授的遗著,同时,又满腔热情地培养新一代的经济史研究人才。对于如何在前后辈之间接通学术线路,他取得的业绩,可说有示范的意义:输入理想,确立规范,用切磋来代替训诫,在言传身教中塑造新型的师生关系。他真不愧为学生的良师、同事的益友和前辈的传人。

《潮汕文化概说》序[*]

这是一本论述潮汕文化的书,但并非"文化热"的产物。著者陈泽泓先生长期从事地方史志研究工作,有丰富的理论和实践。因此,命笔之际,遵法度,显本色,有新意而无"新语",与善构而不善思的时髦之作大异其趣,相信读者必能知之。

在中华文化的百花园里,潮汕文化可说是一朵迟放的花。前人往往将培植之功归于韩愈,世代相传,潜移默化,终于塑造了一个半神半人的"韩文公"。这种渲染多于史实的韩潮关系,早在北宋年间,就由苏轼的《潮州韩文公庙碑》定下了正统的评价模式:"始潮人未知学,公命进士赵德为之师,自是潮之士皆笃于文行,延及齐民,至于今,号称易治。"到了清初,吴兴祚的《题韩公祠》一诗,把老调重弹得更高:"不有韩夫子,人心尚草莱!"事实上,既然在韩愈贬潮前这里已经出现进士和高僧,怎么会是一片文化沙漠呢?泽泓先生通

---

[*] 原载于陈泽泓《潮汕文化概说》,广东人民出版社 2008 年版。

过对潮州民系和文化渊源的分析,展示了潮汕地区从野蛮到文明的纵深背景,把群体创造置于个人教化之上。于是乎,潮汕文化起源史上的"韩愈神话",也就不攻自破了。

像其他的区域文化一样,潮汕文化也是一个矛盾性的历史实体。"海滨邹鲁"的简明公式,并不能概括它的全貌。泽泓先生在论及"潮人民性"的时候,超越传统的单一性观念,敢于正视儒雅与强悍并存的客观事实,于弦歌中听到战鼓,进而揭示文化心态的二重性。这样的笔墨,是务实求真、别开生面的。

在文化研究中,如何处理结构与变迁的关系,记述与阐释的关系,达到历史与逻辑的统一,历来都是棘手的问题。泽泓先生对潮汕建筑艺术的探讨,堪称殚精竭虑。他把历史的风格和风格的历史结合起来,觉察到民居建筑群的布局意蕴和动静韵律,使人从老房子闻出潮州味。这样的尝试相当费力,但也因此而特别可贵。

谈潮必谈茶,"工夫茶"构成书中的一节,乃是意料中事。潮汕并非茶区,却嗜茶成风,香飘四季,令人百思不得其解。究竟应如何"解"法,似乎还大有探讨的余地。潮人的茶艺,尽管远播南洋,但并没有在本土发展成东洋式的茶道或西洋式的茶会。"工夫茶"的休闲性和社交化,似乎存在着性别的圈子,越界会被认为不成体统。更有进者,从功能来说,它究竟是炫耀性的消费,还是保健性的消费,或者竟是一种无以名之的独特消费,也未可知。倘欲发其覆,历史学大概是无能为力的，只好去求诸心理学、社会学和人类学了。

我虽生为潮人，但少即离潮，从求学到寄寓于白云珠海，已经将近半个世纪了。在自己身上，尽管潮味越来越薄，但对乡亲父老的感念，却久久未能忘怀。因此，当陈泽泓先生将其新著《潮汕文化概说》征序于予，我便在一缕乡情牵动下，被赶上了"潮外说潮"之路。前人有言："踏着家乡马脚轻。"面对耀眼的"潮学"，游子之心难免有些惶恐，生怕率真显性会露出无知的"马脚"来。但愿有识之士多多包涵。

我的序写完了。读者诸君，请欣赏引人入胜的正文吧。

2001 年 7 月 18 日
写于中山大学

《戴裔煊文集》前言*

戴裔煊教授是一位有多方面建树的历史学家,对20世纪的中国学术作出过卓越的贡献。他朴学惇谨,既精且博,在平凡、淡泊的学术生涯中,显示出纯正学人的光辉。无论学风还是学问,都足以昭示来者。

戴先生1908年12月28日生于广东阳江,1988年9月12日病逝于广州。自幼力学,工书法,勤记诵,被乡亲誉为"读书种子"。1929年,由中山大学预科升本科历史系,在朱希祖和朱谦之先生指导下,完成毕业论文《南蛮之史的研究》,取得甲等成绩。1934年毕业后,在中学任教数年。1940年,再度进中山大学深造,在研究院攻读硕士学位,至1942年毕业。在朱谦之先生指导下撰写的学位论文《宋代钞盐制度研究》,长达40多万字,对宋代盐业的生产和运销,进行历时性和共时性的综合研究,阐明了钞盐制度的起源和演变的全过程。这部在中国古代社会经济史方面具有开拓性的专

---

* 原载于蔡鸿生编《戴裔煊文集》,中山大学出版社2004年版。

著，1957年由商务印书馆刊行，1981年由中华书局出新一版，博得海内外学术界的好评。牟润孙先生在《记所见之二十五年来史学著作》一文中，对此书赞扬备至："作者引用宋代著述200余种，于宋代售盐给钞制度之实现、沿革、官员、地区，以及此制度对国计民生之关系与影响，无不溯其本源，明其流革。考证至为细微，叙述亦颇能得其体要。治宋史与经济史者，苟不洞悉两宋钞盐制度，则宋代政治与社会上若干问题，均不易得其解释。作者斯编实以钞盐制度为中心，对于环绕此制度诸问题，均有极深刻之探讨。"

抗日战争期间，戴先生由粤入川，供职于重庆的中山文化教育馆，致力于民族学史和西南民族史的研究工作。他广泛搜集中国西南民族的原始文化资料，运用西方民族学的理论和方法，取得一系列开创性的研究成果。关于僚族的渊源及其文化，关于西南民族干栏式建筑的结构和功能，以及棉花和棉织技术的传播，等等，都是在艰难岁月中的精心之作，至今仍有重要的学术价值。

抗日战争胜利后，戴先生自渝返穗。1946年至1949年，任中山大学副教授，兼广东省立法商学院教授。1952年全国大学院系调整后，继续担任中山大学历史系教授，直至逝世。他后半生倾注心力最多的学术领域，一为中葡关系和澳门史，一为中外关系史。其业绩表现出一位历史学家的爱国主义精神，以及才、学、识、德在研究实践中的统一。

戴裔煊先生是中葡关系和澳门史研究的著名先驱,早在1956年,就从事这一领域的研究工作。他曾经夫子自道:"我研究澳门史,就是为了证明澳门自古以来就是中国的领土,中国完全有权收回澳门。"考虑到《明史》的《佛郎机传》是基本历史文献,戴先生辑录相关的中外记载,博考详辨、补阙订误,澄清了历史认识上的种种混乱。关于澳门历史上所谓"赶走海盗"问题,关于葡人入据澳门的年代问题,均因他的精勤探索而真相大白。

中外关系史尤其是海外交通史的研究,几乎与戴先生的整个学术生涯相始终。他早年已考释过"阿拉伯"名称在中国古籍中的转变,中年之后,又以宋代三佛齐重修广州天庆观碑记为中心,阐述了中世纪中国与南海诸国的友好交往和贸易关系。同时,还进一步拓展领域,揭示中国是世界上最早发现和利用石油的国家之一,以及中国铁器和冶铁技术西传的历史。此外,戴先生晚年还完成了一项别开生面的研究,即明代后期的倭寇海盗与中国资本主义萌芽的关系问题。其鲜明的特色,表现在用世界史的通识考察了16世纪中国东南沿海的社会变迁,发前人所未发,令人耳目一新。

戴裔煊教授是一位纯正的学人,无论教学还是科研,其宗旨一贯是有实事求是之意,无哗众取宠之心。他重义轻利,爱护后辈,待弟子如子弟。他经常告诫学生:"读书人要重视操守,不要采取狭隘的功利主义,知识的价值是不能完全用金钱去衡量的。不要把自己的学问当作商品到处吹嘘、叫卖。学问自有公评。用市侩手法做学问，也许会得意于一时，但终归贻误别人，为害自己。"

戴先生谦虚谨慎，敬重前辈，尽管自己卓有成就，仍称陈寅恪、陈垣两位史学大师为"二陈老师"。他以教授身份，同自己教过的学生坐在一起，认真倾听陈寅恪先生讲授《元白诗笺证稿》。戴先生的学问和人品，深受寅恪先生所器重，获得"后生可畏"的赞语。

戴先生平日寡言笑，少交游，一心扑在学问上。起居简朴，勤于治学而拙于治生。晚年的论著，都是在患高血压的长期病痛中完成的。"焚膏油以继晷，恒兀兀以穷年"，"寻坠绪之茫茫，独旁搜而远绍"。他在精神生产中表现出来的"春蚕"式的劳动，给后学者留下了可贵的激励和鞭策。

本文集共收论著八篇，分成三个单元，力求反映出著者在其致力的学术领域取得的业绩。除校改原文排印的某些错漏外，未作任何更动。

2004年5月

朱公风范长存[*]

——《中外关系史》序

朱杰勤先生的学术生涯,穿越过20世纪的风风雨雨,与时俱进,终于从早慧走向辉煌。30年代初,正当弱冠之年,他在学术上已崭露头角,被前辈视为后起之秀。50年代中期,我有幸在中山大学初沾教泽,他风华正茂,可亲可敬,在后辈心目中,成为德学双馨的"朱公",享誉康乐园。

朱先生长我二十岁,既是师长,又属父辈,堪称不折不扣的"师父"。我虽然听过朱先生的课,读过朱先生的书,但不足以论朱先生之学。力所能及的,只是整合追忆的碎片,连缀成文,浮浅地再现"朱公"具有平民特色的风范,为《朱杰勤文集》传世点燃崇敬的香烛。

---

[*] 原载于朱杰勤《中外关系史》("朱杰勤文集"),广西师范大学出版社2011年版。

朱先生是土生土长的岭南人。故乡顺德，一片沃土，既是鱼米之乡，又是文化之乡。晚清以降，这里人才辈出，推动过珠三角的社会转型和知识转型。记得70年代末，有一次与朱先生茶余闲谈，涉及近代岭南的学人学事。我一知半解地说："顺德真了不起，前有梁廷枏、李文田，后有岑仲勉和您朱公，足以构成一个顺德学派了。"朱先生对开宗立派毫不热衷，只是淡淡地回应："你是外地人，也许可以这样看。我是顺德人，怎么派得起来呢!"言学而不言派，其实就是学界中的正派。

敢于开拓，勇于创新，是朱先生学术风格的鲜明特色。30年代初，陈寅恪先生在《吾国学术之现状及清华之职责》一文中慨叹过："本国艺术史学若俟其发达，犹邈不可期。"当年刚刚跨入历史学门槛的朱先生，知难而进，独力闯关，经过几年的奋力潜研，便写成《秦汉美术史》，1936年由商务印书馆出版，时年仅23岁。翌年，即应中山大学之聘，主讲"中国艺术史"课程。朱先生的少作及其艺术史的教学实践，似乎已被他在华侨史、东南亚史和中外关系史的成就所掩，渐渐从后人的记忆中淡化了。其实，他那种虎虎有生气的求索精神，是难能可贵的，是应当继承和发扬的。

"近来时世轻前辈"（刘禹锡句）和"我生爱前辈"（龚自珍句），七言加五言，概括了学术传承中两种对立的态度。朱先生"爱前辈"是一贯的，虔诚的，身体力行的。1946年，著名学者冯承钧先生死于肾脏炎，身后萧条，遗孤待养。朱先生于闻耗之后，即撰写了情文并茂的《纪念冯承钧先生》，并附长达千言的悼诗，内云："我与君无一面缘，一在岭南一朔北，造诣悬殊所学同，每读君书心莫逆。"朱公悼冯，堪称佳话。我在这里旧事重提，意在表明：敬畏感并非自卑感，对"传灯"是有利无害的。是耶非耶，让年轻学人自行识别吧。

朱先生文如其人，人如其名，是一位又"杰"又"勤"的长者。他学兼文史，能诗能文，能著能译。对传统的"国学"和西洋的"汉学"，都有湛深造诣。古籍洋书，并列案头，手不释卷，每当涉及中西互证，便能左右逢源。抗日战争期间，曾有诗云："汉学方家戴宏达，郑和知己伯希和。战时朴学殊荒落，珍籍流传海外多。"既如数家珍，又深致感慨。他惯于坐冷板凳，耐得住烦，曾将德国汉学家夏德（Friedrich Hirth）的名著《中国与罗马东部》用文言文和语体文各译一遍，反复推敲，三易其稿，并冠上古典化的书名：《大秦国全录》。这种于无味中求真味的硬功夫，一般人是不愿为也不能为的。

"读书先识字"，是中国读书人的基本功。韩愈首倡于前，顾炎武重申于后。陈寅恪先生也曾戏称："《说文解字》就是咬文嚼字。"不咬不嚼，囫囵吞枣，意味着"小学"之功的缺失。朱先生讲华侨史，就是从"侨"字的本义和衍义开始。谈海外交通史，也分析过"舶"字在古代字书中的演变。这是完全必要的，字源与史源并重，不可偏废。一字之差，有时会误了大事。记得70

年代末,恢复研究生培养制度,当时朱先生在中山大学兼任导师,收到外省一位报考者来函,信尾落款的"呈"字写成"逞"字。他火眼金睛,完全排除"笔误"的可能性,斩钉截铁地对我说:"一叶知秋,露出了底,这样的文化程度是不能招收的。"这段令人咋舌的朱公"掌故",似乎至今还有现实意义。

纪念朱先生,学习朱先生,朱公风范长存。

2010 年 9 月 15 日

《谢方文存》序*

今年中秋节后第四天，日暖风和，接到谢方先生从上海来的电话，说自己的文集即将出版，叫我写几句话置于卷端。我们俩是广州中山大学1953年至1957年的同窗，结下的学缘至今已近一个甲子，承命撰序，岂敢说不。但自知无力达到"序其意"的古典标准，只好"画饼"一张，聊报谢兄雅嘱。

离开广州康乐园的校门之后，谢方先生进入中华书局，在这家文化的"老字号"里坐了几十年冷板凳，从普通一兵到资深编审，寂寞勤苦，无怨无悔，有学有成，始终保持着"中华人"务实求真的本色。其突出业绩，就是为中外关系史学铸造两大基石：《中外交通史籍丛刊》和《中外关系史名著译丛》。这"两丛"一出现，就博得海内外的好评。它的社会效益，正在与日俱增。对主持其事的谢方先生，用不着戴"守护神"的华丽冠冕，称之为杰出的"打工仔"就算是实至名归了。

---

* 原载于谢方《谢方文存》，中华书局2012年版。

中华书局是学者型编辑的故乡。谢方先生除出色完成编务外,学术研究也相当可观。那部长达千页的巨著《古代南海地名汇释》,就是他和另外两位著名学者的扛鼎之作。除此之外,他还写了不少功力深厚的论文和札记,以及显示卓识的校注前言。至于怀人纪事的回忆录,如《二十六年间——记〈大唐西域记校注〉的出版兼怀向达先生》《忆我和向达先生的首次见面》等,学术味、人情味俱足,早已脍炙人口,就不必多说了。在我的印象里,谢方先生似乎一贯关注明清时代的海外交通,其精力所萃在此,贡献最多也在此。作为一位严肃的学者,他非常重视海洋世界的社会变迁,敢于揭示和平贸易被商业战争所代替的血与火的事实。实事求是,难能可贵。当然,《谢方文存》的亮点不尽于此,以上云云,无非是个人的一孔之见而已。

谢方先生的为人,谦和悖谨,没有丝毫的油气和躁气,大大方方,一如其名。他的文章,也平实明畅,犹如一袭朴素的布衣,耐看、耐用、耐人寻味。《谢方文存》问世之际,适逢著者八十之年。我愿借唐诗来致贺:"莫道桑榆晚,为霞尚满天。"祝谢方先生在"80后"的路上健步前行,生活如此,学术也是如此。

2012 年 10 月 8 日
于中山大学内

自序及其他

学海一灯[*]

茫茫学海之中，不管风云变幻，《文史》仍像灯一样，默默地发着光和热。30辑文字，粗计逾千万言，可说是一份不轻的奉献了。在学术界，它长期提倡脚踏实地，不兴"高空作业"。犹如颜真卿的书法，给人带来一种稳重感。由于个人对花拳绣腿不敢恭维，因此，朴实无华的《文史》，便成了我读书生活中的好朋友。

《文史》在形式上，不拘题材，不限文体，不限字数。这个别开生面的"三不主义"，也是我所激赏的。从体例上松绑，可考，可补，可笺，可札，文白咸宜，长短不拘。这就给作者以更大的宽容，无异于为"争鸣"办点实事。

我喜欢《文史》，还有一个原因，就是它虽然古色古香，却并非学术界的"敬老院"。某些年资较浅的后

---

[*] 原载于《书品》1988年第3期。

辈学人，只要学有所得，言之成理，也曾多次在这里露面。让虎虎有生气的习作，与顾颉刚、俞平伯、周一良等名宿鸿文排在一起，几代同堂，各抒己见，更显出中华学术大家庭的和谐。《文史》的编者善于发现新人，乐于扶植新人。其志可嘉，其功不可没。

《文史》虽然"文"字当头，但史类文章仍占大量篇幅。史文并茂，相得益彰。忆自60年代以来，"历史无用论"曾几度甚嚣尘上，令人啼笑皆非。其实，海宁王静安先生已有言在先："学无新、旧也，无中、西也，无有用、无用也。凡立此名者，均不学之徒，即学焉而未尝知学者也。"他在《国学丛刊序》中所发的这段议论，今天是否还有重温的必要，自有识者在，用不着唠叨了。

愿《文史》健康长寿，作为学海一灯，永远放光、发热。

1984年5月

读《书品》,学品书,一乐也[*]

在繁花似锦的书刊世界中,《书品》堪称一枝独秀。其意趣高雅,引人入胜。五年来,我每一期都读,有些文章,一品再品。久而久之,形成了这样的印象:读《书品》,学品书,一乐也。因以为题。

学术著作的形成史,通常难以得到文学创作那样的待遇。对前者来说,"十月怀胎"乃至"十年辛苦不寻常"的精神历程,往往没有人认真回顾,更谈不上公开发表了。难能可贵的是,《书品》独具只眼,十分重视这类"书史"。例如,《大唐西域记》的校注工作,从规划到出版,历二十六年之久,多少人为此倾注了心血,使63万字的校注本,得以在1985年问世。谢方先生写的那篇《二十六年间——记〈大唐西域记校注〉的出版兼怀向达先生》,以责任编辑的身份,非常完整地记录了这方面的情况,使人可以从一本书的命运见到时代的变迁。陈垣名著《校勘学释例》一书,从刻印本到

---

[*] 原载于《书品》1991年第1期。

排印本,其经历也很不寻常。刘乃和先生的回忆,如泣如诉,情文并茂。《书品》刊出这类文章,无论对出版史还是学术史,都是有价值的。

读书要得其门而入,谈何容易。像《管锥编》那样博大精深的著作,不知其基本精神所在,就难免目迷五色。感谢周振甫先生写了一篇《"管锥编"的打通说》,为一般读者提供了一把可以信赖的钥匙。作者详举"打通"八例,娓娓而谈,引导读者去领会钱锺书先生的真学力和真本领,虽未名为"导读",却起了切切实实的导读作用。《书品》倘能多刊这样的好文章,必当促进读者品书能力的提高,是功德无量的。

时至今日,书评工作还相当不景气,能够益人心智、开拓视野的书评并不多见。某些末流书评,甚至出现令人生厌的广告语言。幸好《书品》没有这类不健康的现象。其实,一篇有分量的书评,无异于一篇有价值的学术论文。40年代初,陈垣先生在沦陷区连续发表《明季滇黔佛教考》和《南宋初河北新道教考》。据他1946年致杨树达先生信说,这些著作"皆蒙考据宗教史之皮而提倡民族不屈之精神"。当年孙楷第先生为这两部著作所作之评,对陈垣著书之旨,味之甚深,心知其意,故其评论具有独立存在的价值,已辑入中华版《沧州后集》。我读孙氏两文,有感于他说的一段话:"著作之事固难,品题人之著作,其事亦不易。盖非学力与著作等者,则无由知其得失;非修养与著书者等,则无由知其甘苦;非识见与著书者相去不甚远,则无由知其旨意也。"这里提出学力、修养和识见三项条件,确实与书评质量的高低有密切关系,特拈出于此,以与爱《书品》者共勉。

1990 年 10 月

园丁说园[*]

《历史大观园》是一块传播历史知识的园地。办刊的人，类似园丁，干着看管、灌溉和整修之类的事。在百期届临之际，说一说自己在"园"里的所见、所闻和所思，比重申编辑方针更为亲切。以下云云，无非是一些随意性的回顾，谈不上什么雅意宏旨，望读者、作者谅之、教之。

传播易说，普及难言。以中国之大，人口之多，刊物即使发行到 100 万份，也很难普而及之。如果把普及当作"通俗化"，或誉之为"雅俗共赏"，那也不尽然。在已刊的大小数千篇文章中，有相当一部分是相当专的，材料也是很罕见的。它们是"大观园"的奇花异卉，并不像常见草木那么"俗"。更何况，雅和俗，原是相对而言的。事实上，俗中确有雅者在，而"雅"字号的东西有些是俗不可耐的。传播历史知识，让人各取所需，这就够了。如果强行配给精神食粮，《历史大观

---

[*] 原载于《历史大观园》1993 年第 10 期。

园》必将门可罗雀!

稿件来自四面八方,作者分布各行各业。这样的"杂",正是《历史大观园》的活力所在。绝大多数作者与编者素昧平生,处于"背靠背"状态。因此,取舍之间,大可惟文是从,避免了"人情"的干扰。知识领域是一个严肃的领域,应当让公理比"公关"更神气。

历史像个大仓库,赤橙黄绿青蓝紫,色色俱全。罗马人写过《爱经》,明朝人也写过《嫖经》。如果混淆了趣味性与猎奇性的界限,就容易滑到邪路上去。我们奉献给读者的,未必能做到盘盘皆营养餐,只希望即使端出烤白薯,也应该是新鲜的。百期于兹,幸好在《大观园》里看不到泛滥成灾的"美人头",这是我所略感宽慰的。借脂粉气来招徕顾客,自以为得计,自以为生财有道,用佛经的话来说,这就叫"不可思议"。与其腻,与其媚,倒不如古朴一点,素淡一点,更符合我炎黄子孙的本性。

人需要回忆,民族需要回忆。一回忆,就是重温历史。过去的经历,并不是样样都值得回忆的,翻流水账之所以味同嚼蜡,就因为它是为回忆而回忆,无目的性可言。每个时代都会选择自己的历史题材,即使是掌故,也不见得是和盘托出的。《历史大观园》的容量,尽管比专业性期刊大得多,但也不可能包罗万象,兼收并蓄。"杂花生树,群莺乱飞",作为自然景象是迷人的,作为意识形态现象,恐怕就会误人了。园丁虽然不等于哨兵,但仍有净化风气的责任,愿与广大作者共勉之。

海外有些热心的读者，屡次向本刊建议：提高印刷质量，打入国际市场。照目前这种简陋的"包装"，纵然内容可取，也难免"贫女如花只镜知"的命运。此说有理，外销也是令人向往的。可惜，刊物也像人一样，一旦涉及"美容"，就非大量投入不可。哪来的钱？忆自创刊以来，惨淡经营，只能维持简单再生产，想更上一层楼，是心有余而力不足的。还是安于"贫女"的现状吧，至于被"知"的程度和范围，暂时难以顾及，但绝不是"人穷志短"。

历史知识没有任何实用价值。这种超实用性，正是它的价值所在。历史态度和历史眼界，并不是可以计斤论价的。若干年来，"历史无用论"的幽灵时隐时现，给人留下不少困惑。如果把它看作"极左"思潮的一翼，似乎也不过分。

最近几年，"怀旧"之风颇有一点势头。不过，发思古之幽情，并非真正的历史感。读史是为了求真，也是为了奋进。历史知识是通向明天的。愿百期之后的《历史大观园》，永远与时代同步，走向未来，走向世界。

1993年9月

《尼姑谭》引言*

《尼姑谭》可说是闲书，但并非戏笔。

中国尼姑史，是一个问津者少而又诋诬丛生的领域。在通常情况下，"尼姑"往往被等同于"花禅"或"淫媒"，名声是不好的。什么"禅室偷香""尼庵私会"，作为传统题材被演成话本、戏曲和时调，弹唱于市井，流播于乡间。在说说唱唱中，一部尼史，几乎完全变成艳史了。

任何偏见，一经社会化，就被赋予公论的面貌，世代传承，根深蒂固。自宋代以来，随着封建伦理的强化，尼姑被安排在"三姑六婆"的首席，不断受到俗人的笑骂。甚至梦见尼姑，《占梦书》也视为不祥之兆："梦见尼，所为不成。"在现实生活中，妇女与尼姑彻底隔离，成为《教女遗规》的金科玉律："三姑六婆，勿令入门。此辈或称募化，或卖簪珥，或假媒妁，或治疾病，专一传说各家新闻，以悦妇女。暗中盗哄财物尚是

---

* 原载于蔡鸿生《尼姑谭》，中山大学出版社1996年版。

小事，常有诱为不端、魔魅刁拐，种种非一。万勿令其往来！"被放逐于女界之外的尼姑，成了一群不可接触的人，似乎是罪有应得的。凌濛初的名著《初刻拍案惊奇》，就有一段令人惊奇的议论：

> 其间一种最狠的，又是尼姑。他借着佛天为由，庵院为囤，可以引得内眷来烧香，可以引得子弟来游耍。见男人问讯称呼，礼数毫不异僧家，接对无妨；到内室念佛看经，体格终须是妇女，交搭更便。从来马泊六、撮合山，十桩事到有九桩是尼姑做成，尼庵私会的。

凌氏用他凌厉的笔锋，从两方面来给尼庵定性：一是"引得内眷来烧香"，即销金窟也；二是"引得子弟来游耍"，即销魂窟也。一庵两"窟"，双料功能，怎能不"狠"！真是"善哉，善哉"，尼被"泥"化了，变成漆黑一团。

如果说，这是讽世之言，难免有所渲染；那么，以论世为己任的士大夫，又怎样评论中国尼姑之命运呢？清初大诗人朱彝尊的《杂诗》二十首之一，竟然也是用灰色来给尼姑画像：

> 至晋始有尼，入梁俗莫挽。
> 此辈僧易狎，为态亦婉娩。
> 一入富家门，内言出于阃。

> 挟伴湖山游，积金寺塔建。
> 精舍累百区，有司岂能限！
> 宣淫青豆房，饱食香积饭。
> 因之坏风俗，讵可偕息偃。
> 妇人有妇功，蚕织乃其本。
> 如何水田衣，婆拖出祇苑！

在朱氏笔下，自东晋到清初1000多年的尼姑史，除了狎、游、淫、食之外，似乎就无事可记了。尼姑从妇女中异化出来，被他不问青红皂白地当作离弃"妇功"的蜕化现象，简直一文不值。这首诗反映出来的尼姑观，很有代表性，也很有倾向性，可说是封建士大夫的共识。它既然立足于礼教和男权，就很难有全面的观察了。事实上，幽幽尼寺，万境千缘，固然有人设骗局，开淫窟，但也不乏善行、深情和睿思，怎能一律扣上"坏风俗"的罪名！

佛教的包容性，带来佛门的芜杂性，这原是释氏一个老大难问题。柳宗元在《送玄举归幽泉寺序》中早已指出："佛之道，大而多容，凡有志乎物外而耻制于世者，则思入焉。故有貌而不心，名而异行，刚狷以离偶，纡舒以纵独，其状类不一，而皆童发毁服以游于世，其孰能知之！"随着佛教日益世俗化，僧尼良莠不齐的情况，到明代后期更加严重。净土不净，佛头着粪，确实可悲可叹。出人意表的是，"螺蛳壳里做道场"：本来是败类玷辱了群体，她们的丑行却被好事兼好色之徒加以群体化。于是,"天下尼姑一般黑"的虚构,便成了振振有词的裁判,把一切遁入空门、含辛茹苦的女性,统统打进十八层地狱了。用如此武断和轻薄的态度对待尼姑群体,不仅缺乏历史感,也缺乏正义感。

尼姑来自芸芸众生。她们之中,大有被侮辱和被损害者在。弱女、弃妇、寡妻、旧宫人,乃至风尘中的卖笑者,这群无告的生灵,要不是绝望,怎么会厌世呢!"霓裳和泪换袈裟",尼姑史实质上是一部血泪史,浓缩着婚姻悲剧、家庭悲剧和社会悲剧。从总体来说,尼姑不是淫邪的化身,而是苦难的产物。清初的满族作家和邦额,在《夜谭随录》中,对尼姑出家因缘及其心路历程作过如下分析:

> 顾念伊剃度亦有因缘:或多病而误信星书,父母忍心割舍;或早寡而情伤破镜,闺门绝意修容;或失琴瑟之调,逞小忿而乌云辄剪;或抱琵琶之恨,恐中弃而白发靡依。于是礼金粟以向空门,本图忏悔;拥蒲团而课静室,渐觉孤清。暮鼓晨钟,翻出凄凉之响;春花秋月,暗生活泼之机。既而托钵以延门,每致桑间之约;假安禅而闭户,频来月下之敲。

这些脱离红尘的女性为何又再坠红尘,其中包含着市井之民津津乐道的种种"机密"。表面上这是心理和生理问题，实质上是社会问题，即人性与佛性的冲突。青灯古佛旁，任何时候都不是妇女的世外桃源，这里所能提供的，只是用新的压抑形式（戒律）去代替旧的压抑形式（礼法），并未缔造过什么自由的生存空间。女性出家人的失落感是永恒的，因为，"宗教只是幻想的太阳"（马克思语）。

"嘉孺子而哀妇人"，是《庄子·天道篇》倡导的一种智者的慈悲。尼姑属于不幸的妇人，当然应该在"哀"之列。按个人的记忆，自己与尼姑尽管无缘可言，但寄予某些同情，却似乎蓄之已久。儿时依母，爱跟妈妈上外婆家。沿堤而行，走近村口，榕荫下有座破败的庵堂，偶尔看见三两个尼姑在里面走动，只觉不男不女，莫名其妙。后来识得几个字，草草读过《阿Q正传》，对那个被阿Q调戏、咒骂他"断子绝孙"的小尼姑，也曾流露过几分同情和悲悯。念大学的时候，有幸赶上听双目失明的陈寅恪教授讲史论诗，又读了他的论文《莲花色尼出家因缘跋》，这才茅塞顿开，晓得应当从梵、汉两种文化的差异中去认识尼姑出家现象。到了史无前例的"破四旧"运动，有一天在广州街头，遇见一个老尼姑正遭"勒令"，当众焚毁自己供奉过的经书和法器。"槛外人"沦为瓮中鳖，欲诉无门。她孤零零地拨着火灰，那副沮丧的样子，那种哀怨的眼神，不知不觉地竟在我心中激起一阵酸楚。直到今天，我还弄不清当年这种奇特的反应，是不是悲人正所以自悲。

从所见所读和所感中，我逐渐地意识到，被扭曲的尼姑面貌应当复原，尼姑史的重建是不妨一试的。不过，在认识的现阶段，还难以作出严格的历史叙述。因此，只能散论漫谈，抒发有关尼姑问题的若干己见。全书三编，或述，或考，或评，终算凑成一个"三合一"的思维结构。流传至今的古代文献，储存着形形色色的尼姑史料，佛书、僧传之外，还有语录、笔记和诗文，以及数量庞大的地方志。甚至石头也不甘沉默，出土的墓志和塔铭，断断续续传来尼姑往事的新信息。所憾识见未广，掌握的事例离详备尚远。更何况，作为一名尘世学人，我的尼姑观其实是相当"空"的，既未到过尼庵实地调查，也无权向佛门女弟子散发"问卷"。有关尼姑史的全部探索，始终跳不出文献的圈子。这本百衲式的《尼姑谭》，尽管想写成随笔性的文字，却依然带着欲罢不能的学院腔，这是要请读者多多包涵的。它的特点和缺点，一言以蔽之，就是"纸上谈尼"。尚祈诸君谅察，谢谢。

1992年仲夏草
1995年暮春订

《尼姑谭》新版后记[*]

我是校园中人，离佛寺远，离尼庵更远。用俗眼观察青灯古佛旁的女人，并非好奇，而是因为这个独特群体的历史，反映出外来文化与本土文化的交融，不可漠然置之。

"尼姑"之名，晚唐诗人李商隐在《义山杂纂》和《义山文集》中已用过两次，均含贬义。本书选取"尼姑"这个俗称，则是由于其中包含梵汉二元结构，可以作为佛教中国化的描述工具。从六朝到唐宋，无论河西还是江南，都可以在暮鼓晨钟的女性世界中，发现印度比丘尼戒律所禁绝的"佛门织女""佛门孝女"和"佛门才女"。诚如陈寅恪先生所言："橘迁地而变为枳，吾民族之同化力可谓大矣。"出家人不离世间觉，这种"以华情学梵事"的天路历程，调节了宗教性与世俗性的矛盾，正是尼姑往事值得一"谭"的理由。微获小识，质之高明，可乎？

2019 年 8 月 19 日

---

[*] 原载于蔡鸿生《尼姑谭》，中西书局 2020 年版。

一篇现代的《金石录》后序[*]

在1986年《书品》创刊号上,谢方先生发表了《二十六年间——记〈大唐西域记校注〉的出版兼怀向达先生》一文,深情地回顾了《大唐西域记校注》成书和出版的艰辛历程。对这篇情文并茂的"书史",我在1991年《书品》创刊五周年的笔谈中,作过如下的评价:

> 学术著作的形成史,通常难以得到文学创作那样的待遇。对前者来说,"十月怀胎"乃至"十年辛苦不寻常"的精神历程,往往没有人认真回顾,更谈不上公开发表了。难能可贵的是,《书品》独具只眼,十分重视这类"书史"。例如,《大唐西域记》的校注工作,从规划到出版,历二十六年之久,多少人为此倾注了心血,才使63万字的校注本,得以在1985年问世。谢方先生写的那篇《二

---

* 原载于《书品》1998年第1期。

十六年间——记〈大唐西域记校注〉的出版兼怀向达先生》，以责任编辑的身份，非常完整地记录了这方面的情况，使人可以从一本书的命运见到时代的变迁。

当时因为只是举例，未能对谢文的意蕴多加阐发。其实，《二十六年间——记〈大唐西域记校注〉的出版兼怀向达先生》完全可以看作是一篇现代的《金石录》后序。它以缩影的形式，反映了文化遗产在政治风云中的命运。像李清照"虽处忧患困穷而志不屈"一样，谢方先生在60年代吃清汤淡饭的日子里，仍风尘仆仆于京沪之间，求贤问路，广参遍叩，为校注玄奘的名著而奔波。二十六年，是一个比四分之一世纪还长的时段，谢方先生可说是将自己最宝贵的年华，投注到这部书稿的编辑工作中了。李清照曾慨叹过："三十四年之间，忧患得失，何其多也！"我想，作为责任编辑，谢方先生在二十六年之间一定也经历过"忧患得失"，从文章关于成书三个阶段的追述来看，确实也是"何其多也"了。

值得庆幸的是，科学的春天终于到来。《大唐西域记校注》作为一部早孕而又难产的书，毕竟以"宁馨儿"的面貌出现了，它博得学术界的高度赞扬，正是实至名归。

玄奘的《大唐西域记》是古典名著，季羡林先生主持的校注本是现代名著，谢方先生撰作的《二十六年间

——记〈大唐西域记校注〉的出版兼怀向达先生》也是一篇《书品》名文。按其在出版史和学术史上的价值而言，它是可以作为"后序"而与《大唐西域记校注》共存传世的。

1997 年 12 月
写于中山大学

《学境》(三版)序引[*]

——写在学境边上

学问是一个望不到边际的认识领域,有起点而无终点。即使是大师巨子,也不敢宣称自己什么时候到顶了。人们耳熟能详的"学海无涯""学无止境"一类话,作为古代学者的悟道之言,在信息时代似乎还保持着它的棒喝作用。但愿莘莘学子不会掉以轻心。

予生也晚,但与学问结缘却也颇久了。可惜悟性不高,一直未能深入学境的腹地,至今仍然是一个碌碌的"边民",无任何"前沿"意识可言。像南宋诗人陆放翁那样的敏感:"树杪忽明知月上,竹梢微动觉风生",我是自愧不如的。倒是清代画家郑板桥的对子:"多读古书开眼界,少管闲事养精神",反而正中下怀。因此,

---

[*] 原载于蔡鸿生《学境》3版,生活·读书·新知三联书店2022年版。《学境》首版为香港博士苑出版社2001年版,2版为中山大学出版社2007年版。

长期安于在"自留地"上笔耕,不计较丰收还是歉收。辑入这本书里的零篇和随谈,只是写在学境边上的点滴体会,离真知灼见还很远,很远。

学术境界,说到底是一个精神境界的问题。"丹青难写是精神",艺术如此,学术也是如此。早在20世纪初,梁启超就在《新史学》中批评过中国传统史学的毛病,说它有事实而无精神。德国古典哲学家康德也揭露过种种有貌无神的文化现象。他在《判断力批判》中,对此作过一番秋风扫落叶式的演绎:

> 一首诗可以很可喜和优雅,但没有精神。一个故事很精确和整齐,但没有精神。一个庄严的演说是深刻又修饰,但没有精神。有一些谈笑并不缺乏趣味,但没有精神。甚至于我们可以说某一女人是俊俏,健谈,规矩,但没有精神。这是为什么?

康德把"精神"看成心灵的跃动、主观的情调和概念的伴奏,缺了这个,对象就没有生命了。

世间万物,往往貌可知而神不可测。所谓学术的精神,尤其容易似是而非,难怪清代学者章学诚要花大力气去"辨似"了。他说:

> 学术文章,有神妙之境焉。末学肤受泥迹以求之。其真知者,以谓中有神妙,可以意会而不可言传者也;不学无识者,窒于心而无所入,穷于辨而

无所出，亦曰可意会而不可言传也。故君子恶夫似之而非者也。

确实如此，"颦"之为态，西施有之，东施也有之，惟识者才免于混为一谈。所谓"可意会而不可言传"，模糊性中有确定性，其实就是一种"心法"。本书将精神生产的历史经验置于篇首，旨在从前人的嘉言中感受难能可贵的心迹，借以提高学术自觉和识别能力。如果因此而招来"冬烘"之讥，那也不要紧，当低首谦退："已知无法说，心向定中归。"（张祜《赠禅师》）

《学境》(三版) 后记[*]

学术生涯的种种感悟,剪不断,理还乱,别有一番滋味在心头。说得"玄"一点,无非是人在学境中老去,又在老境中学去。此书犹如一本老学徒的旧像册,存诚意于本色之中,用以纪念陈寅恪先生逝世五十周年、季羡林先生逝世十周年,并就正于学界的长者、同辈和新秀。学问永远在路上,花未全开月未圆。

2019 年 5 月 21 日

---

[*] 原载于蔡鸿生《学境》3 版,生活·读书·新知三联书店 2022 年版。

古人是今人的镜子

——《岭南历史名人研究》序

历史人物的评价，为知人论世拓展了认识空间，其作用是无可替代的。没有历史眼光，就不能照射现实的深处。历史知识确实没有任何实用价值。这种超实用性，正是它的价值所在。

有人说，历史教科书往往是乏味的。听起来似乎逆耳，其实是一句忠言，切莫等闲视之。究竟缺些什么呢？也许可以猜测为下面的三"乏"：有人名而无人物，有时间而无节奏，有地点而无场景。既然时、地、人已弄成三条鸡肋，任何帝王将相和才子佳人都被符号化，寻味就无从谈起了。

在时、地、人的三位一体中，人是一个被制约的主体。正像如来掌心的孙大圣，它可以飞扬，却无从超

---

* 原载于刘圣宜主编《岭南历史名人研究》，中山大学出版社2002年版。

越。难怪黑格尔在《哲学史导言》中早就断言:"没有人能够真正超出他的时代,正如没有人能够超出他的皮肤。"因此,尘世中人,其生平无非是时代的零件,必须通过历史撰述的整合来起死人而活白骨,历史人物才成其为在历史上生存的人物。在这样的意义上,可以说任何"传"都应当向"史"回归。

精心结集的《岭南历史名人研究》,共收论文12篇。它不是乡土性的先贤传,更不是历史教科书,而是一个丰富多彩的人物画廊。其中有士,有商,有将,有相。他们的出身、教养和功业,可说是五花八门的。尽管各自活跃于不同的历史时代,但都属于中华文化系谱繁衍出来的岭南产儿。这批岭南人的生平,或存古风,或染洋气,或兼而有之,均被合理地视作那个时代历史的一部分。这样,个体的传与总体的史相结合,树木就与森林连成一片,更加有"味"可寻了。

文集的各位作者,都是致力于文史研究的专家。在历史观、史料学和方法论方面,学养深厚,持论平正。故能对复杂的历史现象,作出实事求是的分析。正如刘熙载在《艺概》中所说:"传中叙事,或叙其有致此之由而果若此,或叙其无致此之由而竟若此,大要合其人之志行与时位,而量而出之。"所谓"称量"就是分寸感。我认为,这本文集对涉及的历史人物,凡所评议,都能力求做到"合其人之志行与时位"。真味来自实学,与放言高论是大异其趣的。

古人是今人的一面镜子。历史人物的评价,为知人论世拓展了认识空间,其作用是无可替代的。没有历史眼光,就不能照射现实的深处。可惜若干年来,"历史无用论"的幽灵时隐时现,给人留下不少困惑。要辨惑是艰难的,我们只能平心静气地说:历史知识确实没有任何实用价值。这种超实用性,正是它的价值所在。如此而已,岂有他哉。

2001 年 12 月

《校影》赞[*]

从1924年到2004年,中山大学八十年的历史行程,以缩影的形式,反映了"天翻地覆慨而慷"的社会变迁。革命救国、科教兴国,构成校影的两大特色。作为南国的最高学府,它培育出一代又一代的人才,为中华大地增添了壮丽的光彩。

白云珠海,绿树红楼,这里的自然景观令人心旷神怡;自强不息,脱俗求真,这里的人文精神催人奋进。天人合一,知行合一,莘莘学子脱颖而成有识之士。康乐园是桃李园,大学可无愧于"大"矣。

"博学、审问、慎思、明辨、笃行"——源出《中庸》的儒家古训,经朱子而成为白鹿洞书院的洞规,经孙中山先生而成为中山大学的校训。传统的投影,既深刻又深远,给中大人留下了难忘的胎记。在新世纪里,让传统实现创造性的转化,面向现实,面向世界,面向

---

[*] 原载于舒宝明主编,朱晔、陈望南副主编《校影》,中山大学出版社2004年版。

未来。悠悠校影放出更强更亮的文光,指日可待。

与时俱进,继往开来!八十华诞之后的中山大学,必将向新的高度腾飞,迎来前所未有的辉煌。

南粤名镇的文化风貌*

——《天下名镇》序

在传统的农业社会里,水村山郭,溪桥圩集,乃至小楼深巷,灯影市声,构成淡雅素朴的文化景观,既宜人,又迷人。其中蕴含的诗情画意,不止为山水画提供了原型,而且成了古典诗歌咏叹的对象。村镇风光无限好,江南如此,岭南也是如此。

南粤一地,位于岭海之间。沿着北、西、东、韩诸江流域,形形色色的圩、市、场、镇、步,星罗棋布,至珠三角而蔚为大观。其特色和功能,早经史志著录,成为后人乐于回顾的屏风式的画卷。在《广东新语》作者屈大均笔下,可以见到一系列古色古香的聚落,因南粤先民的开发生殖而出现不同的经济类型,并相应地提升了知名度。水乡如顺德陈村,涌水遍潮,纵横曲折。

---

* 原载于南方都市报珠三角新闻专刊部《天下名镇:33个广东历史文化镇村》,广东人民出版社2005年版。

"居人多以种龙眼为业,弥望无际,约有数十万株。荔枝、柑、橙诸果,居其三四。比屋皆焙取荔枝、龙眼为货,以致末富。又尝担负诸种花木分贩之,近者数十里,远者二三百里。他处欲种花木,及荔枝、龙眼、橄榄之属,率就陈村买秧,又必使其人手种搏接,其树乃生且茂,其法甚秘。故广州场师,以陈村人为最。"山村如南海西樵,山岩峭拔,飞泉散出。"盖西樵一泉山也。山中人沿溪为居,或截流为湖,或筑坐为塘。于四十余里间,以泛以渔,随舟所至,盖不知山在水中抑水在山中矣。山中又多平地,可以种茶。茶田中有村十余,鸡犬鸣吠,若近若远。杜鹃、兰、桂之属,掩苒含风,花栈参差,云畦历乱,游者往往迷路。"圩市则以东莞章村为最善。"章村有虚,为肆若干。或肆有常人,或肆有常人无常居。十日为三会。坐肆之租有常,负戴提挈贸于涂者无常。薄取之,岁入若干禳。会民读法,春秋赛祠,问高年,宾髦士,凶荒祈望,一岁经费皆取给焉。粤之虚,立法惟章村善。"此外,还有盛产鱼苗之乡九江。"鱼苗之池,惟九江乡有之。他处率养大鱼,即养鱼苗,不繁滋也。谚曰:九江估客,鱼种为先。左手数鱼,右手数钱。凡岁三月始有西水,西水长,故有鱼苗。八月西水尽则无之。自封川江口至羚羊峡口,皆有鱼花步。步凡六七十处。鱼花者,鱼苗也,亦曰鱼秧。从其利与田禾等,故曰苗,曰秧,而常名则曰鱼种云。"

这些古村名镇,经历过多少世纪的风风雨雨,至今仍有蓬勃生机。它们的自然景观、民风物俗和经济功能，使岭南文化的区域面貌显得多姿多彩，耐人寻味。对现代人来说，名镇古村的真正魅力，并不在于其遗风余韵足以发思古之幽情，给人一种怀旧的慰藉。其实，它们是文化更新的缩影，反映出历史的巨变。从中可以看到传统向现代的创造性转变，听到中华民族伟大复兴的脚步声。

关于南粤大地33个名镇古村的系列报道，图文并茂，华彩纷呈，堪称可喜的尝试。但愿新闻界的创举，能够获得学术界的回应。期望有朝一日，会出现以岭南村镇为研究对象的微观巨著，像费孝通的《江村经济》和勒华拉杜里的《蒙塔尤》那样，争鸣于世界学术之林。

2005年4月24日

"清初岭南佛门史料丛刊" 总序[*]

岭南佛门是中国佛教的滨海法窟，名刹林立，高僧辈出。历代的大德上人，继承了"以华情学梵事"（宋释赞宁语）和"以忠孝作佛事"（宋释宗语）的优良传统，在人间化的实践中发扬高风亮节，光耀乡邦，垂范后世。

明清易代之际，社会动荡不安，禅林也风起云涌。《遗民所知传》早已指出："明之季年，故臣庄士，往往避夜浮屠，以贞厥志。"甲申（1644）之后，男女遗民逃禅成风，逐步形成爱国爱教的三大中心：江南有苏州灵严寺的弘储法师（1605—1672），滇南有鸡足山的担当法师（1593—1673），岭南则有海云寺的天然法师

---

[*] 原载于（清）大汕和尚著，万毅、杜霭华、仇江点校《大汕和尚集》，中山大学出版社2007年版。又见于（清）澹归和尚著，段晓华点校《徧行堂集》1～4，广东旅游出版社2008年版；（清）成鹫和尚著，曹旅宁、蒋文仙、杨权、仇江点校《咸陟堂集》1～3，广东旅游出版社2008年版；（明）函可和尚撰，张红、仇江、沈正邦点校整理《函可和尚集》，广东旅游出版社2015年版；（明）道独和尚等著，萧晓梅等点校《岭外洞宗高僧三种》，广东旅游出版社2015年版。

(1608—1685)。后者将弘法护生与忠孝节义结合起来，言传身教，不遗余力，成为17世纪岭南佛门的精神领袖。在天然法座周围，集结着大批志士仁人式的社会精英，他们的死生去就和翰墨诗文，使滨海法窟放出世纪之光，与唐代曹溪道场的兴起前后辉映。

清初岭南佛门的历史地位，是由亦儒亦禅的高僧群体奠定的。他们的功业和智量，超越群伦，值得后人景仰和追思。清代著名学者全祖望，在《鲒埼亭诗集》中，已评价过岭南遗民僧的事迹。现代史学大师陈寅恪，也在其名著《柳如是别传》中，对剩人（函可）和尚的冤狱作过详确考释，使岭南僧史与"明清痛史"连成一体。1986年，赵朴初先生的粤游杂咏，感慨更深。其《题澹归禅师诗卷》云："跣足蓬头执役勤，犹忧衣食累乾坤。半衾半钵冷兼饿，诗卷长当血性人。"另一首《访丹霞山寺，赠本焕和上》云："群峰罗立似儿孙，高坐丹霞一寺尊。定力能经桑海换，丛林尚有典型存。一炉柏子参禅味，七碗松涛觅梦痕。未得徧行堂集看，愿将半偈镇山门。"赵诗从丹霞望丛林，歌颂了澹归禅师的"血性"和"定力"，实属发潜德之幽。透过历史的迷雾，可知包括《徧行堂集》在内的僧徒著述，凝聚着丰富多彩的因缘：佛缘、世缘、学缘和翰墨缘。这批历劫幸存的岭南僧宝，不仅是"桑海换"的历史记录，也是"典型存"的文化象征，非同凡响。如果让其尘封、蛀蚀和流失，就未免有负如来了。

为了保存这批史料，中山大学古文献研究所组织以广东高校教师为主的各界人士，多方收集，编纂整理《清初岭南佛门史料丛刊》。香港潘郁文（跃雄）先生慨助有关费用。先生多次资助岭南佛门文史整理出版，志行可风。如今这套丛刊正在整理并已由佛教界人士筹资开始出版。这项岭南佛、学两界共建的文化工程，堪称盛世胜缘。它的问世，必将促进佛门的人间化和学术的高雅化。让我们在中华民族伟大复兴的时代精神鼓舞下，进德修业，儒释齐辉。

2004年9月
谨序于中山大学永芳堂

《百年澄中（1915—2015）》序

距今100年前，刚刚经历从专制到共和的巨变之后，有一座新型的中学在澄海崛起，它就是著名的"澄中"。

在百年校庆之际，回顾这所岭东名校的成长史，借以缅怀先人，激励来者，具有树立精神纪念碑的深远意义。

《百年澄中（1915—2015）》通过平实的历史叙事，体现了崇高的办学理念。从中可以看到时代风云在校园中的投影，以及"传道、授业、解惑"的优良传统如何实现创造性的转化。

《百年澄中（1915—2015）》是充实而有光辉的校史，展示了几代澄中人与时俱进的高风亮节，熔史、志、传于一炉，体例完善，泾渭分明，详略有度。它不是书院志，胜似书院志；不是传灯录，胜似传灯录；不

---

* 原载于陈景熙主编《百年澄中（1915—2015）》，暨南大学出版社2015年版。

是群英谱，胜似群英谱。

把这样的校史呈献给校庆，虽无任何"含金量"可言，但充溢其中的"含智量"和"含情量"，表露出对世俗的超越，对澄中来说，这是十分可贵而又高雅的。

我虽籍隶澄海，但未能与澄中结下学缘，实为憾事。承命撰序，不敢说不。只好在校门外遥致敬仰之意，战战兢兢地略撰序言，为澄中校庆助兴，并祝其后续的"百年"更加辉煌。

2015 年 3 月 12 日
于中山大学